Inhalt:

Thomas Lenz

Kaum zu glauben

Wissen zum Weitersagen

NDR 1
Radio MV

TENNEMANN
media GmbH

© TENNEMANN media GmbH, Schwerin 2011
Gartenweg 30 c, 19057 Schwerin
Tel. 0385-77501
http://www.tennemann-media.de
http://www.tennemann.com
Lizenziert durch Studio Hamburg Distribution & Marketing GmbH

1. Auflage 2011

Herstellung: TENNEMANN media GmbH
Illustrationen: Andrej Subarew
Satz und Layout: Andrej Subarew Zavod 3, Wismar
Druck und Bindung: produktionsbüro TINUS, Schwerin
Printed in Germany
ISBN 978-3-941452-06-0

Liebe Hörerinnen und Hörer von NDR1 Radio MV,

warum haben Frauen mehr Kleidungsstücke im Schrank als Männer? Wieviel PS hat ein Pferd und warum summen Mücken? In der Serie „Kaum zu glauben – Wissen zum Weitersagen" gibt es kompakte und verständliche Antworten auf diese Fragen des Alltags. NDR1 Radio MV sendet die unterhaltsame Serie von Thomas Lenz jeden Morgen bei „Markert am Morgen" um kurz vor sechs und um kurz vor acht.

Die witzigen Fragen und die verblüffenden Antworten haben eine feste Fangemeinde. Immer häufiger wurde uns in den vergangenen Monaten die Frage gestellt, ob man die Geschichten nicht auch als Buch bekommen kann. Wissen nicht nur zum Weitersagen, sondern auch zum Vorlesen, Nachschlagen und Verschenken.

„Kaum zu glauben" ist so erfolgreich, weil es eine tolle Kombination aus Information und Unterhaltung ist – eben so, wie sich auch NDR1 Radio MV präsentiert.

Ich wünsche Ihnen viel Spaß bei der Lektüre und beim „Weitersagen". Übrigens: Die Lösungen der drei o.g. Fragen finden Sie auf den Seiten 20, 38 und 51.

Ihre Elke Haferburg
Direktorin Landesfunkhaus Mecklenburg-Vorpommern

1.
Männer
&
Frauen

Kommt es bei der Zeugung auf die Größe an?

Klare Antwort: Nicht nur, denn wichtig ist vor allem die Geschwindigkeit.

Wer als erster ankommt im Eizellen-Ziel, gewinnt, und große Samenzellen mit entsprechend langen Schwänzen sind auf ihrer Tour zum begattungsbereiten Ei mitnichten fixer unterwegs als ihre kleinwüchsige Konkurrenz. Das haben englische und australische Wissenschaftler herausgefunden. Sie beobachteten Fisch- und Säugetier-Spermien und entdeckten dabei: Langschwänzige Begattungssamen haben durch ihren langen Schwanz zwar einen durchaus stärkeren Vortrieb, also einen kräftigeren Motor, aber dieser Vortriebs-Vorteil wird oft dadurch zunichte gemacht, dass diese XXL-Spermien auch über einen vergleichsweise dicken Bratzkopf verfügen und dementsprechend häufig auf Widerstand stoßen, während schlankere Exemplare munter an ihnen vorbeiflitzen.

Fazit: entscheidend ist das Verhältnis zwischen Kopfgröße und Schwanzlänge. Die besten Begattungschancen haben mithin jene Spermien mit langem Schwanz und kleinem Kopf, sagen die Forscher. Es kommt bei der Zeugung also auch, aber nicht nur auf die Größe an.

Frieren Frauen fixer als Männer?

Um es mal vorweg zu sagen: Dieses *Schatz-mir-ist-kalt-*Rumgenerve, *boah, ist das kalt, hier zieht's! Die Finger frieren und wärm mir die Füße!* – Das ist natürlich auch eine ziemlich durchsichtige Masche, aber nicht nur.

Frauen frieren wirklich fixer, und das hat mehrere Gründe. Zunächst einmal ist die Durchschnittsfrau eine Art Mann-Miniatur: weniger hoch, breit und tief als der Mann – mathematisch ausgedrückt – und kleinere Körper kühlen einfach schneller aus. Außerdem haben Frauen weniger Muskeln, aber in Muskeln wird nun mal Hitze produziert. Männer leben also mit einer höheren Wärmekraftwerks-Leistung. Unglücklicherweise haben Frauen auch mehr Fett am Leib, im Verhältnis zu Körperform und -größe; und das Fett ist wenig günstig verteilt: Des Mannes Fett breitet sich gleichmäßig über den Körper aus – sollte es jedenfalls – und wärmt an Brust und Bauch lebenswichtige Organe; Damenfett hingegen speckt sich auf Hintern, Hüften und Busen an – thermisch betrachtet eine absolute Nullnummer.

Fazit: das weibliche *Schatz-mir-ist-kalt-*Rumgenerve werden wir wohl weiter ertragen müssen.

Haben Glatzenträger den besseren Sex?

Die Legende sagt: Ja, je weniger Haare sich auf der Kopfhaut tummeln, desto potenter ist das, was sich unter der Gürtellinie tummelt!

Falsch! Das Männerhormon Testosteron – das ist der Stoff, der dafür sorgt, dass Männer nicht nur wollen sondern auch können – dieses Hormon sorgt zwar tatsächlich dafür, dass sich viele lustige Geheimratsecken, mönchische Tonsuren und polierbare Platten bilden, trotzdem ist das kein Zeichen für exorbitante Potenz. Es ist lediglich dafür ein Zeichen, dass die Haarwurzeln überempfindlich auf den Potenzmacher reagieren. Die Glatze zeigt also nur eines: dass Testosteron im Körper herumgeistert, aber nicht, dass es extrem-mega-super-hyper-viel wäre. Und mal abgesehen davon: die Menge macht's sowieso nicht. Ein Auto mit 50 Litern Sprit im Tank fährt nicht schneller als eins mit 25. Erst wenn der Tank leer ist, dann gibt's ein Problem. Aber das ist eine ganz andere Geschichte.

Weinen Frauen öfter als Männer?

Natürlich! Im Durchschnitt fünfmal so oft, deshalb lautet der Fachbegriff ja auch Heul-Suse und nicht Heul-Hannes.

Der Mensch ist die einzige irdische Daseinsform, die gefühlsbedingt losflennen kann, aus Ärger, Schmerz und Freude, vermutlich um Anteilnahme bei seinen Artgenossen zu erregen. Das beherrschen Frauen demnach besser, doch warum? Sollten Männer im Zuge der Gleichberechtigung nicht auch endlich anfangen, zur weiblichen Tränenmenge aufzuschließen? Geht aber nicht, denn echte Männer weinen nicht. Okay, das ist vielleicht ein bisschen zu hart formuliert, aber Männer können wirklich nichts dafür, dass sie nicht bei jeder passenden und unpassenden Gelegenheit losheulen können, denn Männer haben einfach weniger Tränenflüssigkeit. Die gemeine Menschenträne wird nämlich von einem Hormon produziert, über das Frauen reichlichst verfügen – Männer dagegen nicht so. Ist das nicht traurig? Weinet also, liebste Damen, über die Herren, denn sie selbst können es nicht!

Wie fruchtbar sind Männer wirklich?

Nun, wenn wir dürften wie wir wollten, könnten wir ganz furchtbar fruchtbar sein, in der Art unserer Altvorderen. Als Faustregel für den Nachwuchs-Macho gilt: Je potenter im Kampf desto imposanter meist auch im Bett. Asiaten sind ganz vorn dabei, wie der fernöstliche Adelsheld Giocangga. Heute leben schätzungsweise anderthalb Millionen seiner Nachkommen in Nordchina und der Mongolei.

Woher wir das wissen? Forscher haben das Y-Chromosom von ausufernd vielen Herrschaften in jenem Gebiet untersucht und festgestellt: die Leute sind alle miteinander verwandt, irgendwie. Das Y-Chromosom verändert sich im Laufe von Jahrhunderten nämlich kaum und gibt typische Erbinformationen des Ahnherren immer munter weiter. Dieses Wissen vorausgesetzt, mussten nur noch einige Stammbäume durchgeflöht werden, und siehe da: Am Ende tauchte jener 1583 verblichene Giocangga auf. Der Mann führte das normale Leben seiner Zeit: hier ein bisschen Gemetzel, dort ein wenig Eroberung und zwischendrin eine hübsche kleine Armee von Konkubinen. Die Früchte seiner nimmermüden Lenden taten es ihm gleich, und so, sagen Forscher, konnte Giocangga sein Erbgut millionenfach verbreiten. Noch fruchtbarer war Dschingis Khan: auf ihn als Urahn berufen sich heute 16 Millionen Menschen. Tja … die gute alte Zeit.

Sind Männer Memmen?

Ganz klare Ansage: Nein!

Sie kennen zwar den laut leidenden Mann, dessen Bauchweh, Zahnweh, Halsweh bei seiner Umgebung denselben endzeitlichen Eindruck hinterlässt wie, sagen wir mal, ein mittelschwerer Welt-Untergang. Wir Männer leiden ja auch ganz gerne mal. Frauen dagegen tragen tapfer den größten Schmerz: Sie halten munter Migräne aus, und klaglos gebären sie. Frauen sind aber trotzdem nicht härter im Nehmen als Männer in Sachen Schmerz!

Amerikanische Studien zeigen: Frauen sind eindeutig wehleidiger, denn nach Operationen brauchen Frauen im Verhältnis zu ihrem Körpergewicht bis zu ein Drittel mehr Schmerzmittel. Grund: Männer haben möglicherweise ein Protein, das für höhere Schmerz-Toleranz sorgt. Nachgewiesen immerhin schon bei Mäuserichen. Und so tapfer wie Mäuse sind wir Menschenmänner schon lange.

Warum haben Frauen so viele Klamotten im Schrank?

Ganz einfach: Männer könnten mit dem Wust an rot-gelb-lila-creme-bordeaux-beige-farbenen Schuhen, Kleidern, Hosen und Perücken nichts anfangen, denn sie können sie nicht voneinander unterscheiden.

Frauen können das: *Schatz, nehme ich das hellrosa mit den dunkelgelben Quer- oder das cremfarbene mit den ockerorangen Längs-Streifen?* Es ist keine Ignoranz gegenüber der weiblichen Person an sich, wenn der Mann auf solche Fragen keine Antwort findet: Männer sehen da wirklich keinen Unterschied. Das weibliche Geschlecht kann vor allem Rottöne besser unterscheiden. Das Gen, das das Wahrnehmen von Farben steuert, sitzt nämlich gemeinerweise auf dem X-Chromosom, und davon haben Frauen zwei, Männer nur eins.

Doppelter Einsatz fürs Farb-Erkennungs-Gen also: Deshalb sind Frauen auch wesentlich seltener Rot-Grün-Blind als Männer. Die Welt der Frauen ist einfach bunter, und der Mann hat eine gute Entschuldigung, wenn er beim nächsten Klamotten-Check mal wieder gar nix rafft.

Ist James Bond Auslauf- oder Zukunftsmodell?

Der Mann, der seinen Martini stets geschüttelt, nicht gerührt, bestellt, der ist genaugenommen unsere Vergangenheit, Gegenwart und Zukunft.

Bond ist der Prototyp des erfolgreichen Mannes. Amerikanische Wissenschaftler haben herausgefunden, welche maskulinen Charakter-Eigenschaften wirklich weiterhelfen und haben zivilisierter Softierziehung zum Trotze festgestellt:
Die wilden, fiesen, draufgängerischen Jungs kriegen immer noch die schönsten und die meisten Mädels ab.

Tests bei Studenten ergaben: Wer selbstverliebt, manipulationsfreudig und gefühlsarm ist, kommt weiter. Natürlich darf der gemeine Knabe nicht zu gemein sein, denn dann verbannt ihn sein Clan ins gesellschaftliche Aus. Aber ein bisschen Herrschsucht, gepaart mit einem gerüttelt Maß an Eigenliebe, beschert dem emotionalen Eisblock zwar kürzere, aber dafür viel mehr und fruchtbarere Beziehungen als dem freundlichen Frauenversteher.

Und das wird sich so schnell nicht ändern, denn dieser leicht asoziale Charaktermix hat sich als Fortpflanzungsstrategie bestens bewährt – das heißt, es werden eher harte Bond- als liebreizende Softi-Gene weitergegeben. Tragisch aber wahr: wild kommt weiter.

Denken Männer in erster Linie mit ihrem Begattungs-Organ?

Diese männerfeindlich-diskriminierende Ansicht aus Kreisen bekennender Feministen mag den aufrechten Mann zutiefst empören, doch leider ist der Kopf beim Mann wirklich nur das zweitwichtigste Denkinstrument.

Belgische Forscher haben herausgefunden: Nackt-Werbung macht Männer blind für hohe Preise. Besonders gefährdet sind Machos. Die härtesten Typen der Welt, die gnadenlosesten Verhandlungspartner, sie fallen auf die allerbilligsten Reklamestrategien am häufigsten rein. Man nehme ein möglichst weit entblättertes weibliches Wesen und platziere es auf – völlig egal, wo: der Macho kauft es. Zigaretten, Schnaps und Videofilme; Schokolade, Brot und Autoreifen – klebt eine nackte Frau daneben, mutiert der Macho zum Schaf. Brodelndem Testosteronspiegel sei Dank kauft er dann fast alles, egal zu welchem Preis und unabhängig davon, ob er das Produkt überhaupt braucht. Spontaneinkäufe nehmen zu.

Im Zeitungsladen an der Ecke, sagen die Forscher, kann der Umsatz ganz leicht steigen, mit Süßigkeiten und Zigaretten, wenn dort Fotos aufreizend unbekleideter Damen hängen.

Der wunde Punkt der Machos also endlich wissenschaftlich entschlüsselt: Je stärker der sexuelle Reiz, desto weniger hat das Machomänner-Gehirn zu tun.

Wie primitiv sind Männer wirklich?

Formulieren wir es positiv: Mit unseren Verwandten, etwa Pavianen und Schimpansen, können wir durchaus mithalten, wenn es um die Triebe geht.

Menschen- und Affen- Weibchen verführen ihre männlichen Artgenossen nämlich am besten und effektivsten mit einem einzigen, immer gleichen, Millionen Jahre alten Trick. Um sexy zu wirken, muss sich das feminine Wesen lediglich in Liebesfarbe hüllen: Rot macht Frauen begehrenswert.

Wenn Paviandamen in ihre fruchtbare Phase eintreten, signalisieren sie ihre Sexbereitschaft über die Rotfärbung bestimmter Körperpartien. Entsprechend rallig reagieren Primaten-Herren auf diese Farbe.

Amerikanische Psychologen wollten wissen, ob sich bei Menschen-Männern dieses durchaus simple Erregungserbe erhalten hat. Sie legten Heteromännern Frauenbilder vor. Eindeutiges Ergebnis: rotes Kleid, rote Handschuhe, roter Hut, selbst roter Fotorand genügte, um die auf ferner Evolutionsstufe erworbenen Instinkte zu aktivieren.

Rot wirkt wie ein Aphrodisiakum auf Männer. Ein und dieselbe Frau in blau, gelb, lila, grün-kariert oder rot wirkt in der Liebesfarbe immer reizvoller, attraktiver und begehrenswerter auf den Mann.

Frauen reagieren auf rot übrigens nicht anders als auf jede andere Farbe.

Fazit: Männer und Primaten können in Farbfragen durchaus miteinander konkurrieren.

2.
Körper
&
Geist

Können wir über Nacht graue Haare bekommen?

Klare Antwort: Jein.

Haare können über Nacht nicht grau werden, aber es kann so aussehen, als seien sie es geworden; zwar nicht über Nacht, doch innerhalb weniger Tage.
Der unschöne Trick dahinter: nach einem Schicksalsschlag und seelischen Störungen oder auch bei bestimmten Hautkrankheiten reagiert der Körper mit plötzlichem Haarausfall.

Es fallen aber nicht alle Haare gleichzeitig aus: Es sind die mit den meisten Farbpigmenten, die sich als erstes verabschieden. Die pigmentlosen Exemplare dagegen, die eigentlich farblosen, grau erscheinenden Haare bleiben uns erstmal weiter erhalten. Doch sind die blonden, braunen oder schwarzen Haare erstmal raus, dann fallen die schon vorher vorhandenen, nun übriggebliebenen grauen, einfach stärker auf, und es sieht so aus, als seien wir in Rekordtempo ergraut.

Warum uns ausgerechnet die greisen, grauen Haare erhalten bleiben und nicht die beliebten blonden oder braunen, ist ein Geheimnis, das die Wissenschaft noch nicht zur Gänze gelüftet hat.
Kleiner Trost am Rande: nicht jeder muss sich an grauen Haaren ärgern. Diese Maless kennen Glatzenträger jedenfalls nicht.

Haben dicke Menschen schwerere Knochen als dünne?

Klare Antwort: Nein, schwere Knochen gibt es nicht!

Das Skelett eines ausgewachsenen Nordeuropäers wiegt zehn Kilogramm. Mit Wikingervorfahren und Heldentenor im Familienstammbaum eventuell elf. Die restlichen Kilos verteilen sich auf Sehnen, Muskeln, Ohrläppchen und Silikonimplantate sowie – richtig – Fett.

Übrigens: Schwere Knochen entschuldigten, selbst wenn es sie gäbe, auch nicht das Fett um die Knochen herum. Bessere Entschuldigung für zuviel Kilos: Versuchen Sie es mit einer Kombination aus Hormonstörungen und genetischer Veranlagung, verbunden mit Liebeskummer. Das ist zwar genauso bescheuert, klingt aber wahrscheinlicher.

Ist Gähnen ansteckend?

Oh ja und wie: Gähnen Sie sich durch den Tag und der ganze Tag gähnt mit. In der Schule, bei der Arbeit, mit dem Partner im Bett: Gähnen Sie, und Schüler, Kollegen und Partner gähnen um die Wette mit.

Das Zauberwort hinter der Gähn-Ansteckungsgefahr heißt *Empathie*. Wie andere Tiere, die in Horden leben, sind wir fähig, Gefühlsregungen auf Artgenossen zu übertragen – und von ihnen zu empfangen. Wir ahmen ihre Stimmungen nach, um Solidarität und Gruppenzugehörigkeit zu bekunden.

Erzählen Sie mal mit trauriger Miene etwas Tragisches – Ihr Gegenüber kommt nicht mal auf den Gedanken, zu lachen. Umgekehrt versuchen Sie einmal, sich der Wirkung einer völlig bekloppten Comedy-Sendung zu entziehen: Sobald Konserven-Lachen eingeblendet wird, fällt das Nicht-Mitlachen schwer.

Genau dasselbe passiert beim Gähnen. Warum? Reine Überlebensstrategie: Unsere Vorfahren in der Wildnis mussten in der Horde zusammenbleiben; einer allein wäre dem Tod geweiht gewesen. Deshalb taten sie alles gemeinsam: jagen, essen, lachen und schlafen. Damit vor allem letzteres auch klappte, begann einer irgendwann zu gähnen, steckte die Horde damit an, und alle gingen gleichzeitig zu Bett.

Gähnen: ein Relikt aus Zeiten, als die Mimik noch wichtiger als die Sprache war.

Warum können wir uns selbst nicht kitzeln?

Wir lieben und hassen sie: Kitzelattacken. Wir lachen und leiden dabei, kichern und kreischen, kugeln und krümmen uns. Nur, wenn wir selbst Hand anlegen an unsere kitzeligsten Stellen, passiert gar nichts.

Warum? Die Antwort fand schon Aristoteles so ungefähr; er sagte sinngemäß: *Alles, was wir uns selbst antun, ist ungefährlich, selbst das Kitzeln, und deshalb springt unser Körper nicht darauf an.*

Moderne Hirnforscher kommen zum selben Ergebnis: Das Kleinhirn erkennt sofort, was wir vorhaben, wenn wir kitzelige Hand an uns legen und sagt: *Hey Kumpel, keine Panik, das bist du selbst.*

Diese bleib-cool-Reaktion ist ein Selbstschutz des Körpers: Er muss erkennen, welche Reize und Angriffe von außen kommen, also potentiell gefährlich sind, und welche harmlos. Deshalb funktioniert Selbstkitzeln nicht.

Doch wenn das Gehirn Fremdkitzeln als Angriff wertet, warum ausgerechnet lachen wir dabei anstatt zu weinen? Nun in Wahrheit lachen wir beim gekitzelt werden weniger als wir denken. Wissenschaftler haben den Gesichtsausdruck verglichen bei Menschen, die wahlweise gekitzelt wurden, einen Witz hörten oder ihre Hände in schmerzhaft kaltes Eiswasser legten.

Ergebnis: der Ausdruck beim Kitzeln ähnelt trotz Lachreflex eher dem Schmerz als der Freude. Lachen und Leiden: beim Kitzeln eine Einheit.

Warum fallen wir im Schlaf nicht aus dem Bett?

Wir bestehen wilde Abenteuer in unseren Träumen. Wir sind Superman und Tarzan in Personalunion, retten die Welt oder wenigstens uns selbst, doch aus dem Bett fallen wir dabei in der Regel nicht.

Der Trick ist einfach: Während wir in der virtuellen Traumwelt zu immer neuen Abenteuern aufbrechen, bleibt unser Körper schön still liegen, äußerst still sogar, denn die Muskelspannung nimmt ab, die Muskeln sind wie paralysiert, gelähmt. Und erst, wenn das Hirn sagt: *Jetzt reicht es aber mal mit dem Stilliegen, wir möchten den Körper gerne wenden, es gibt noch weitere Seiten auf denen er liegen könnte*, dann lassen sich die Muskeln aktivieren, der Schläfer rekelt sich und er wacht auf.

Die Wachphase dauert nur Sekunden, doch das genügt: Das Unterbewusstsein scannt den Raum, vor allem die Breite des Bettes, und der Körper bewegt sich keinen Zentimeter über den Rand selbst einer schmalen Schlafstatt hinaus.

Diese Prozedur kann sich zehnmal pro Stunde wiederholen. Aufwachen-scannen-rekeln … und beruhigt weiterschlafen.

Übrigens das ist der Grund, warum wir oft in fremden Betten ganz schlecht schlafen: Das Unterbewusstsein braucht einige Nächte, um die Maße von Fallhöhe, Raum und Bett im groben abzuspeichern. Erst danach kann es sich auf sein Feintuning in der Nacht beruhigt verlassen.

Wachsen Haare durch Rasieren schneller?

Diese Frage stellen sich vor allem männliche Teenager und weibliche Erwachsene.

Jungs hoffen, durch frühzeitige Gesichtsrasur schneller in den Genuss echt männlich-haariger Gesichtspullover zu kommen.

Frauen dagegen fürchten, durch häufige Beinrasur in den Genuss geradezu fellartiger Verhältnisse im Beinbereich zu gelangen.

Doch Furcht und Hoffnung sind unbegründet: Das Rasieren hat keine Auswirkungen auf die Fülle des Haares und die Geschwindigkeit seines Wuchses. Grund: das Haar denkt mit der Wurzel, und selbige Wurzel hat keine Ahnung, was auf der anderen Seite der Haut abgeht. Die Wurzel konzentriert sich ökonomisch sinnvoll lediglich auf ihre Kernkompetenz: den Lebenszyklus aufrechtzuerhalten, ganz egal, was sonst drum herum passiert. Sie lässt das junge Haar schnell sprießen, stoppt später den Wuchs und lässt altes Haar nach einer Gnaden-Rentner-Ruhe-Frist ausfallen, um hernach mit neuer Haarproduktion voll durchstarten zu können.

Dass draußen oben auf der Haut der Eindruck entsteht, rasierte Haare wüchsen schneller, dichter und dicker, hängt mit dem ungünstigen Schnittpunkt zusammen, denn wir kappen die Haare an ihrer dicksten Stelle, und wenn sie dann wieder weiterwachsen, fühlt es sich borstig, struppig und stachelig an.

Also: rasieren Sie, wo immer und wie oft Sie mögen – den Haaren ist das völlig schnuppe.

Wer quatscht wirklich mehr: Männer oder Frauen?

Männer lieben das gruselschöne Vorurteilsbild von der kaffee-klatschenden Damenrunde, die sich den Mund zerreißt über Gott und die Welt; einer Runde, die das Schnacken, Zetern, Tratschen nur unterbricht aus Gründen der Nahrungsaufnahme und gelegentlicher Schlummerphasen.

Dagegen der Mann spricht in kurzen Hauptsätzen nur das Notwendigste, weil er ja Gottlob nicht über das quatschwasserverseuchte weibliche Sprachsprudel-Gen verfügt.

Doch leider sind diese Ansichten völlig falsch. Psychologen haben herausgefunden: Männer reden nicht weniger, sondern eindeutig mehr als Frauen.

Aber Themen und Gelegenheiten sind höchst unterschiedlich:

Frauen reden eindeutig mehr über persönliche Dinge und mit Freunden, Kindern und Kollegen sowie besonders gern und viel in der legendären Kaffeeklatschrunde.

Männer dagegen haben das größere Mundwerk bei unpersönlichen Dingen in klitzekleiner Vieraugen-Runde, gern mit Fremden und sogar im trauten Heim mit der eigenen Frau. Außerdem widersprechen Männer ihrem Gesprächspartner viel eifriger als Frauen das tun.

Fazit: Die Frau, deren Mundwerk quasi ausgekoppelt neben ihr herläuft und wie ein Perpetuum Mobile einfach nie zum Stillstand kommt, ist eine leider widerlegte Legende.

Warum küssen wir uns?

Im besten Falle knutschen wir, weil wir uns lieben.

Es gibt natürlich auch Negativ-Knutscher wie Judas mit seinem Verräterkuss, außerdem Gruß- und Höflichkeits-Gesten wie Abschieds-, Hand- und Wangenkuss.

Der echte Mundkuss ist dagegen meist erotischer Natur, was nicht verwundert, denn in den Lippen stecken ungewöhnlich viele Nerven-Enden. Das macht die Lippen zum Gefühlsreaktor Nummer Eins; darüber hinaus können auf diese Weise besonders gut besonders viele Pheromone übertragen werden, die Sexuallock- und Botenstoffe.

Auch unsere Mitgeschöpfe haben das Knutschen für sich entdeckt, allen voran Bonobos. Das ist eine sexversessene Affenart, die sogar den Zungenkuss ganz gut drauf hat.

Selbst Fische kennen das Knutschen, bevor es dann richtig zur Sache geht: Als paarungsvorbereitende Maßnahme pressen die Guramis ihre Lippen fest aufeinander. Da ist dann bis zu zehn Minuten Dauerknutschen angesagt.

Dabei hat das Küssen ursprünglich nichts mit Sex zu tun, sondern mit Hunger. Die Mund-zu-Mund-Fütterung gilt als Ur-Kuss: Ist das liebe Kleine noch zu klein, um selbst zu fressen, würgt das Elterntier vorgekauten Brei hervor und trichtert ihn dem Jungen ein. Auch Menschenmütter haben das getan, bevor das Babybreiglas erfunden wurde.

Beim nächsten Kuss also schön dran denken: Ursprung ist kein Liebes- sondern ein Fütterungs-Akt. Bäh…

Gesellt sich gleich und gleich tatsächlich gern?

Bei der Partnerwahl trifft das Sprichwort in fast beängstigender Weise zu.

Formulieren wir so: Männer heiraten ein Abbild ihrer Mutter; Frauen ehelichen das zugegeben oft jüngere Pendant ihres Vaters.

Das haben ungarische Forscher herausgefunden. Sie untersuchten gewisse Gesichtspartien ganzer Probandenfamilien samt elterlichem sowie schwiegerelterlichem Anhang.

Erstaunliches Ergebnis: Männer heiraten Frauen, bei denen die untere Gesichtspartie der eigenen Mutter frappierend ähnlich ist, also Mund und Kinn.

Frauen hingegen ehelichen Männer, deren mittlere Gesichtspartie der des eigenen Vaters ähnelt, also Abstand der Augen sowie Länge und Breite der Nase.

Die Gründe dafür sind nicht ganz klar. Vermutet wird, dass sich der Mensch unbewusst für ein Partnerantlitz entscheidet, das jenem Gesicht ähnelt, das uns von Kindheit an vertraut ist – dem des andersgeschlechtlichen Elternteils. Denn hinter ähnlichen Gesichtern vermuten wir ähnliche Eigenschaften. Und jene Charakterzüge, die uns selbst erfolgreich haben groß werden lassen, können auch für die eigene Zuchtnachfolge nicht die schlechteste Wahl sein; das vermutet jedenfalls das Unterbewusstsein einigermaßen schlüssig und begibt sich mit diesen Kriterien auf Partnersuche.

Werden Astronauten im All größer?

Klare Antwort: Ja.
Je nachdem, wie lange sie sich auf ihrer Erdumlaufbahn befinden, wachsen Weltraumhelden bis zu sechs Zentimeter.

Schuld ist die Schwerelosigkeit. Wenn nämlich die Schwerkraft keinen Druck mehr auf den Körper ausübt, kann sich die Wirbelsäule entspannen und strecken. Ergebnis: der Mensch wird größer.

Das Phänomen erleben wir abgeschwächt auch auf der Erde. Morgens sind wir zwei bis drei Zentimeter größer als abends, denn in der Nacht beim Schlaf in möglichst horizontaler Stellung streckt sich die Wirbelsäule ebenfalls. Am Tag beim Gehen und Stehen staucht uns die Schwerkraft dann wieder zusammen.
Das hängt mit den Bandscheiben zusammen. Diese faserknorpeligen Verbindungsstücke sorgen für unsere Beweglichkeit. Sie verbinden die Wirbelsäulenwirbel wie Gelenke, können ihren Wirbelpuffer-Job allerdings nur erledigen, wenn sie gut mit Flüssigkeit gefüllt sind. Wenn nun die Schwerkraft am Tage auf ihnen lastet, werden sie zusammengequetscht und verlieren Wasser. Ergebnis: Der Mensch schrumpft. Im Schlaf saugen sich die Bandscheiben dann wieder wie Schwämme voll, dadurch wachsen wir und können in den neuen Tag in alter Frische und vor allem in alter Größe voll durchstarten.

3.
Tiere I

Wie viele PS hat ein Pferd?

Die Antwort scheint klar: Die Pferdestärke heißt Pferdestärke, weil sie eine Pferdestärke ist.

Aber in Wahrheit kann ein Pferd beim Rennen, Springen und Galoppieren deutlich mehr leisten. Auch vor der Postkutsche, wenn Ganoven im Anritt sind, ist einiges mehr als eine einzige Flucht-PS auf den Beinen. Dann kann unser Gaul bis zu 20 Pferdestärken draufkriegen.

Wie das geht? Nun, ein PS ist nur die durchschnittliche Dauerbelastungsleistung eines unserer wiehernden Mitkreaturen: zum Beispiel, wenn es im Bergwerk Kohleloren zieht; oder wenn es im Wald Eichenstämme rückt; und wenn es vom Acker Rübenhänger sowie erschöpfte Bauern nach Hause karrt. Immer dann erbringt es eine PS.

Nur ganz kurzfristig kann es hochtouren und dann allerdings auch wesentlich mehr aufs Pferdetacho bringen. Wir zweibeinigen Helden schaffen übrigens eine durchschnittliche Dauerleistung von überschaubaren 0,15 PS. Das ist irgendwie demütigend.

Können Fische seekrank werden?

Oh ja, und wie!

Zum Beispiel, wenn sie in einem Aquarium schwimmen, das Aquarium in einem Flugzeug mitfliegt und das Flugzeug Loopings dreht: Dann werden Fische seekrank. Oder wenn sie von einem Meerstrudel durchgeschüttelt oder im wassergefüllten Angeleimer zur Bratpfanne getragen werden, auch dann werden Fische seekrank.

Grund: Seekrankheit entsteht im Gehirn, wenn sich der Gleichgewichtssinn ins Nirvana verabschiedet.

Normalerweise errechnet ja der im Innenohr beheimatete Gleichgewichtssinn, wo wir uns im Raum befinden. Bei hoher Beschleunigung, verstrudeltem Wellengang und ausgeprägtem Wassereimer-Geschwappe ist die ans Gehirn weitergeleitete Datenlage aber derart wirr, dass der Zentralrechner sagt: Ich bin orientierungslos! Ich bin vergiftet worden! Mir soll bitte sofort schlecht werden!

So geht's Menschen und Fischen. Und am Ende, wenn es richtig schlimm wird, kotzen beide, Zweigebein und Flossenplantscher gleichermaßen. Seekrankheit gibt es also auf und unter dem Wasser.

Was fressen Eintagsfliegen?

Sie fressen gar nichts.

Und woran sterben Eintagsfliegen? Sie verhungern natürlich.

Die Sache ist ja die: Eintagsfliegen dümpeln erstmal drei Jahre im Wasser rum, als Larve. Dann werden sie zur Fliege, leben je nach Art zwischen sehr überschaubaren zehn Minuten und einer Woche und können sich in der kurzen Zeit nicht auch noch ums Fressen kümmern.

Denn der einzige Fliegenlebens-Zweck ist Sex. Begatten und begattet werden, danach Eier legen: Das ist die ganze geile Welt der Eintagsfliege.

Deshalb sind Darm und Mundwerkzeuge zu nix zu gebrauchen. Lediglich die Vorderbeine der Männchen sind ganz pfiffig gekrümmt und sehr kräftig – aber nicht zum Laufen, sondern als Greiforgane zum besseren Festhalten des Weibchens beim Fliegenliebemachen.

Kann frau nur ein bisschen schwanger werden?

Sie kann: wenn sie eine Gürtel-Tierin ist.

Gürteltiere sind die durchgeknallten Extrem-Planer unter den Säugern. *Auf Nummer Sicher gehen*, dieser Slogan wurde von Gürteltieren erfunden.

Um zu garantieren, dass der liebreizende Nachwuchs nicht in Dürrezeiten zur Welt kommt und unter Nahrungs-Mangelerscheinungen leidet, kann die Gürteltierfrau nach dem Paarungssex die Geburt bis zu drei Jahre hinauszögern. Das ist einmalig in der Säugetierwelt!

Und welcher Zögling dann am Ende überlebt, ist natürlich wurscht, weil in der Regel naturidentische Vierlinge geboren werden – für alle Fälle, denn falls einer koppheister geht, überlebt eben sein anderes Ich.

Kann man Pferde liften lassen?

Natürlich kann man, aber man sollte nicht, denn das kommt in aller Regel nicht gut an.

Der allseits unbeliebte Rosstäuscher hat so etwas gemacht, früher, und er tat noch mehr, um seine Klepper an den Mann zu bringen:

Pferdehandel ist ein einträgliches Geschäft seit alter Zeit, und der Rosstäuscher war der schwarze Hengst seiner Zunft. Er färbte Mähne und Fell, um die Tiere jünger wirken zu lassen. Er dopte alterswirre Gäule mit Arsen, um sie agiler zum machen. Er rieb ihnen Pfeffer in den Hintern, um Temperament vorzutäuschen.

Und er entfernte Falten zwischen den Ohren der Pferde, nähte den Rest zusammen und straffte auf diese Weise die Haut der Tiere, um eine attraktive jugendliche Stellung der Ohren wiederherzustellen. Der professionelle Rosstäuscher spricht hier vom *Ohrenaufsetzen.*

Pferde- Lifting funktioniert also. Allerdings muss man warnend sagen: Färben, Dopen und Liften – das ist alles Betrug. Nicht nur bei Pferden.

Wer doof ist, lebt tatsächlich länger?

Verstörende Antwort: Ja.

Man kann eben nicht immer nur gewinnen: entweder schön schlau sein und dafür fix ins Gras beißen – oder gruselig gaga unendlich viel Zeit verbringen. Etwas anderes geht nicht.
Jedenfalls ist das bei Tau-Fliegen so.
Schweizer Wissenschaftler haben herausgefunden: Bekloppte Fliegen leben etwa 80 Tage, ihre klugen Kollegen nur 50.

Der Grund: Je gescheiter das Gesumsel, desto mehr Energie verbraucht ihr Fliegen-Hirn und lässt die Restfliege einfach schneller altern.
Intelligente Gehirne sind nämlich die Energiefresser des Körpers; Hirn-stand-by-Betrieb ist wesentlich wirtschaftlicher.
Diese eher unattraktive wer-doof-ist-lebt-länger Tatsache führt dazu, sagen die Wissenschaftler, dass viele Lebewesen dankend auf ein hochwertiges Gehirn verzichten.
Und zu welcher Erkenntnis bringt uns das? Lieber nicht drüber nachdenken, das könnte am Ende noch zu viel Energie verbrauchen…

Wie bauen Bonobos Stress und Ärger ab?

Ganz einfach: durch Sex.

Die Minischimpansen leben in Rudeln, die eher an peacige Hippiekommunen erinnern als an wilde Affenbanden. Bei den Bonobos treibts jeder mit jedem und jede mit jeder.

Auch heterosexuelle Kontakte sind den Bonobos nicht völlig fremd. Mit anderen Worten: Das Lesbentum ist weit verbreitet, schwule Kontakte sind die Regel, und zwischendurch wird ein bisschen Fortpflanzungs-Sex praktiziert.

Ein Bonobo Tag gliedert sich in Fressen, Schlafen und Sex haben. Im Schnitt alle anderthalb Stunden lassen sie sich flachlegen oder legen andere flach, und das in Stellungen, die selbst in Nachmittags-TV-Talk-Shows noch nicht zur Gänze totdiskutiert worden sind: das volle Kamasutra-Programm.

Die Lieblingsposition ist aber face-to-face: Die Affen kucken sich am liebsten an beim Sex und tauschen dabei gerne Zungenküsse aus.

Forscher sagen: Durch den Dauersex sind Bonobos entspannter als andere Affen. Unsere dauerbereiten Verwandten gehören zu den friedfertigsten Menschenaffen der Welt. Und wenn ein Bonobo bei der Jagd etwas Fressbares findet, verschlingt er es nicht, sondern wartet, bis der Rest eingetrudelt ist. Dann gibt's erstmal wieder 'ne Runde Sex und später wird brüderlich geteilt.

Die durchschnittliche Liebesspiel-Dauer beträgt übrigens 13 Sekunden. Anders ausgedrückt: Diese Affen haben den Quickie erfunden.

Auf welch skurrile Weise leben Pfauenaugen zusammen?

Genaugenommen fristen sie ihr flatterreiches Dasein, indem sie gar nicht zusammenleben.

Nachtpfauenaugen sind ebenso ansehnliche wie seltsame Tiere. Mit ihren bunten Pfauenaugenflecken auf den Flügeln fliegen diese Schmetterlinge durch lichte Wälder und Sträucher, über Wiesen und blütenreiches Gelände – für eine Woche. Dann ist ihr kurzes, buntes Leben zu Ende.

Denn sie können nicht fressen, sie besitzen keine Mundwerkzeuge, und am Ende ihrer Lebenswoche sind sie verhungert.

Doch bis dahin sind sie im Sexstress. Ihre schmetterlingelige Daseinsform beschränkt sich auf die Frage: Wie vervielfältige ich mein Erbgut möglichst umfangreich?

Die Frage ist durchaus berechtigt, wie Pfauenaugenmann und -frau überhaupt zusammenkommen, denn skurrilerweise ist *er* tagaktiv, während *sie* nur nachts unterwegs ist. Auf den ersten Blick sind das keine ganz günstigen Kopulationsbedingungen. Jedoch verströmt das Weibchen Lockdüfte, die der Pfauenaugenmann mit seinen langen Fühlern kilometerweit riechen kann. Und weil die Dame tagsüber nur drömelig am Baumast abhängt, das Männchen aber auf Vereinigungssuchflug unterwegs ist, so ist es nicht die Frage, *ob* sie sich finden, sondern lediglich *wann* er das verpennte aromenversprühende Weibchen aufgespürt hat und der Zeugungsmarathon seinen Lauf nehmen kann.

Wer hat die Sklavenhaltergesellschaft erfunden?

Ganz klar: die Ameisen.

Es gibt sie seit hundert Millionen Jahren. Heute leben geschätzte zehn Billiarden weltweit. Ameisen haben einerseits den Sozialstaat erfunden, in welchem jeder für jeden und einer für alle schafft und schuftet, kämpft und kopuliert. Andererseits gibt es neben dem Menschen kaum eine Art, die derart aggressiv und kriegerisch vor sich hin scharmützelt und andere Wesen ausbeutet wie die sozialstaat-sozialisierte Ameise.

Beispiel: Amerikanische Feuer- und Waldameisen bekriegen sich bis zur totalen Gebietsübernahme. Kommt es zur Schlacht, liegen am Ende hunderte tote Soldatenameisen auf dem Feld der Ehre mit abgebissenen Köpfen und abgehackten Beinen. Die Kriegsgründe sind immer dieselben: Es geht um Landbesitz und Futterquellen.

Andere Völker haben das Sklavenhaltertum perfektioniert. Sie überfallen fremde Staaten, rauben Larven, ziehen den geklauten Nachwuchs auf und lassen ihn dann als Fremdarbeiter Frondienste verrichten. Das sind meist niedere Arbeiten wie Saubermachen und Nachwuchs füttern.

Und die ganz pfiffigen unter den Ameisentruppen haben sämtliche Arbeiterinnen, also das eigene Volk, einfach abgeschafft. Hier schmuggeln sich Männer und Königin in fremde Völker ein und lassen sich von deren Arbeiterinnen bedienen.

Soviel zum Thema Sozialameise.

Wie spannen Paviane Rivalen die Weibchen aus?

Ganz einfach: Diese reizend behaarten Vertreter aus unserer eigenen Verwandtschaft sind hinterhältige Spanner und gemeine Horcher.

Bei den Pavianen ist es so: Weibchen treiben es am liebsten mit den Männchen, die richtig einen auf dicke Hose machen. Die ranghöchsten Affen haben die besten Paarungschancen.

Was tun und treiben unterdessen die Verlierertypen? Die schlagen sich in die Büsche und gucken den glücklichen Paaren beim Paaren zu oder belauschen ihre Kontrahenten beim Sex.

Das haben amerikanische Wissenschaftler herausgefunden, die ihrerseits die Spanner beim Spannen beobachteten.

Der Grund für das seltsame Interesse an anderer Affen Liebesleben ist offensichtlich: Sie wollen wissen, wie es um die belauschte Partnerschaft bestellt ist. Selbst in funktionierenden, an sich harmonischen Beziehungen kommt es ja immer mal wieder zum Streit zwischen Affendame und Pavianmann. Im schlimmsten Fall trennen sich die Partner und gehen für geraume Zeit getrennte Wege. Und darauf warten die Spanner. Hören sie, dass es in einer Beziehung kriselt, nähern sie sich dem zeternden Weibchen, und wenn der eigentliche Liebhaber schmollend das Weite sucht, ergreift der pfiffige Horcher seine Chance, sich selbst mit dem Weibchen zu paaren.

So kommen auch Verlierertypen immer mal wieder zum Zug.

4.
Tiere II

Was haben Delphine, Löwen und Warzenschweine gemeinsam?

Sie gehören zu den weltweit fünfhundert Tierarten, die sich neben der anerkannt herkömmlichen Kopulation auch gleichgeschlechtlichen Liebestrieben hingeben.

Bekannt werden immer wieder auch schwule Störche wie Edgar und Holger in Osnabrück: 16 Jahre Treue verband sie einst; und geradezu berüchtigt war ein Flamingopaar im Zoo von Rotterdam: In Ermangelung eigener Eier-Lege-Vorrichtung klauten die beiden ihren heterosexuellen Hennen regelmäßig die Bruteier unterm Gefieder weg. Schließlich überließ ihnen die Zooverwaltung gütigerweise ein Ei. Die Flamingoherren brüteten es aus und kümmerten sich hernach ganz rührend um den brav geschlüpften Nachwuchs.

Hier scheint einer der Gründe für das tierische Schwulsein zu liegen. Forscher vermuten, dass diese Variante der Sexualität von der Natur erfunden wurde – nicht als Irrweg – sondern weil sie sich genetisch auszahlt.

Das ist bei manchen Affen gut zu beobachten. Bei ihnen produzieren einige Damen so reichlich Nachwuchs, dass sie ihn gar nicht komplett aufziehen könnten. Hier helfen die schwulen Affen gerne aus. Sie erziehen liebevoll ihre Nichten, Neffen und Geschwister und sorgen so dafür, dass die nicht koppheister gehen.

Warum summen Mücken?

Reicht es der quälgeisternden Geißel lauer Frühlingsabende und Sommernächte denn nicht, über uns herzufallen, uns anzustechen, leer zu schlürfen und quaddelige Juckburgen auf unserer geschundenen Haut zu hinterlassen?

Nein, das genügt den Flugvampiren keinesfalls, sie müssen dabei summen, denn sie denken nicht nur an unser Blut sondern auch an ihren eigenen Sex.

Mückenkerl und Mückenweib erkennen sich nämlich am Summton. Die männliche Mücke summt höher, die weibliche tiefer. Und wenn so ein echt weiblich tiefer Ton durchs Zimmer fliegt, werden Mückenmänner in Begattungs-Bereitschaft versetzt.

Wir dagegen werden in Schlage-Bereitschaft versetzt. Das Summen ist also für die Mücken nicht nur sexfördernd sondern tendenziell auch lebensgefährlich. Aber dieses Risiko nehmen die Viecher offensichtlich gerne in Kauf.

Können Fliegen husten?

Glauben wir den Gebrüdern Grimm, müssen wir sagen: Ja.

Im Märchen *Die Kluge Else* lobt die Mutter jene extrem bescheuerte Else über den grünen Klee, um sie endlich unter die Haube zu bringen und sagt: Else *sieht den Wind auf der Gasse laufen und hört die Fliegen husten.*

Weniger prosaisch veranlagte Biologen aber sagen: Fliegen können gar nicht husten.

Selbst wenn sie Grillqualm schnüffeln und im Raucher-Zimmer von Mehrraumgaststätten übernachten – können sie wohl innerlich verschnupft sein und ihre aktuelle Lebenslage doof finden. Aber abhusten, um ihrem Ärger und ihrer Lunge Luft zu verschaffen, können sie nicht.

Fliegen haben keine Lunge. Und ohne Lunge kein Husten. Denn Husten ist ein explosionsartiges Luft-Ausstoßen zur Reinigung der Lunge.

Fliegen atmen stattdessen mit Luftlöchern am Bauch, die über ein Röhren-System Sauerstoff in den Körper pumpen.

Um ihre missliche, hustenlose Lage können Fliegen übrigens auch keine Tränen vergießen und selbstironisch lachen: Denn Weinen können sie nicht, und ein Zwerchfell zum Lachen haben sie auch nicht.

Arme lach-, wein- und hustenlose Fliegen …

Welcher Vogel kann rückwärts fliegen?

Es ist der tropische Kolibri.

Der putzige langschnäbelige Flugkünstler hat eine spezielle Technik entwickelt, wie er an den tief in Blütenkelchen verborgenen Nektar herankommt. Mit 80 Flügelschlägen pro Sekunde schwirrt er an die Blumentankstelle heran – knapp zehnmal schneller als unsere heimischen Flugratten, die Tauben. Und direkt vor der Blüte schaltet er auf Leerlauf, bleibt flügelschlagend in der Luft stehen, versenkt die Tankpistole, die er liebevoll Schnabel nennt, in die Blüte, saugt, bis der Vogelmagentank voll ist – und jetzt? – muss er irgendwie wieder freikommen – also: schaltet er in den Rückwärtsgang und zieht dabei den Schnabel aus der Blume.

Dieses Rückwärtsfliegen beherrscht kein anderer Vogel. Nur der Kolibri besitzt in den Flügeln Kugelgelenke, mit deren Hilfe er den Flatterschlag umdreht und nach hinten wegwutschen kann. Oder wahlweise auch zur Seite.

Übrigens sind Kolibris extrem gefräßig, wenn sie jung sind: Die Küken lassen sich von ihren biologischen Erzeugern 140 Mal füttern. Pro Tag. Na dann … Mahlzeit.

Wie verbreitet ist Treue tatsächlich?

Es kommt drauf an, in wessen Revier wir uns bewegen. Vögel sind die absoluten Vorbilder jeder treuen Seele. 90 Prozent unserer gefiederten Freunde leben monogam: Haben sie sich einmal einen Partner ausgesucht, bleibt der ihnen in guten wie in gerupften Zeiten stets erhalten.

Bei den Säugetieren sieht das etwas anders aus. Von ihnen sind ganze drei Prozent ihren Partnern treu. Der Rest geht immer wieder gerne und vor allem oft auf Liebesabenteuer-Tour.

Glorreiche Säugetier-Ausnahmen: manche Mäuse, Menschen und Affen.

Gleichwohl sieht es ausgerechnet bei unseren Verwandten gar nicht sooo rosig aus in Sachen lebenslänglicher Treueschwüre. Nur etwa 15 von 200 Affenarten verzichten aufs Fremdgehen. Der große Rest nimmt sich, was er kriegen kann. Und ausgerechnet unsere Lieblingsverwandten treiben es besonders bunt: Gorillas, Orang-Utans, Bonobos und Schimpansen. Sie sind mit uns am engsten verschwägert, und bei dem Gedanken an einen lebenslangen Partner brechen gerade sie in ungläubiges Gelächter aus.

Das hinwiederum deutet darauf hin, dass auch unsere gepriesene Monogamie und Treue entwicklungsgeschichtlich nicht angeboren ist, sondern eher als kulturell verordnet betrachtet werden darf. Normal wäre etwas ganz anderes...

Gibt es eine eierlegende Wollmilchsau?

Als Synonym für den rund um die Uhr ausbeutbaren Alleskönner existiert die Sau natürlich im globalisierten Wirtschaftsleben und sieht aus wie ein familienloser 25jähriger Hochschulabsolvent mit zehn Jahren Auslands- und 20 Jahren Berufserfahrung, der als Praktikant gerne kostenlos jobbt.

Doch auch im Tierreich gibt es die Sau: als eierlegendes Fellsäugetier mit Vogelschnabel und Giftstachel. Es ist das australische Schnabeltier, ein lebendes Fossil.
Es ist ein Mischwesen aus Vogel, Reptil und Säugetier. Der Schnabel sieht aus wie der einer Ente; wie Vögel und Reptilien legt es Eier; und vom Säugetier hat es das dichte Fell sowie den Rest des Körpers, der dem eines plattgedrückten Bibers ähnelt.

Allerdings besitzt es an den Hinterbeinen Giftstachel. Das Gift ist zusammengesetzt wie das der meisten Schlangen. Es ist für den Menschen nicht tödlich, verursacht aber selbst durch Morphium kaum zu lindernde Schmerzen über Monate hinweg.

Schnabeltier-Forscher haben jetzt die genetische Struktur des vogelartigen Säugetierreptils entschlüsselt und hoffen, dadurch weiteren Aufschluss zu erhalten über die verwandtschaftlichen Entwicklungen und Verstrickungen zwischen Vögeln, Säugetieren und Reptilien.

Brauchen wir zur Fortpflanzung wirklich noch Männer?

Die Antwort mag die maskuline Hälfte des Volkes latent betrüben, aber das Leben benötigt, um voranzukommen, nicht in jedem Fall den Mann.

Beispielsweise kommen Rüsselkäfer, Kopfläuse und Gespenstschrecken ganz gut ohne männliche Begattungshilfe klar.

Ihr Trick: die Jungfern-Zeugung. In Jahren akuten Männermangels werden so jede Menge sexfrei entstandene Nachwuchskäfer, -läuse und -schrecken geboren.

Und das geht so: Die Schreckenläusekäferdamen schießen Betrugs-Hormone in ihre Eizellen, die das Begattetwerden simulieren. Daraufhin teilt sich die ausgetrickste Eizelle brav, und die Schwangerschaft nimmt ihren Lauf.

Auch einige Reptilien und Vögel beherrschen diese hinterhältige Variante der unbefleckten Empfängnis. Vor einiger Zeit wurden – was bis dahin kein Forscher für möglich gehalten hatte – sogar Hammerhai-Damen schwanger ohne männliche Beteiligung.

Fazit: Frau braucht Mann nicht mal mehr zum Kinderkriegen.

Kleiner Männer-Trost: Je höher entwickelt das Lebewesen, desto unwahrscheinlicher wird die Jungferngeburt. Und sie kann mit der zweigeschlechtlichen Fortpflanzung auch nicht mithalten, denn es leidet darunter die genetische Vielfalt.

Männer sind also doch nicht überflüssig.

Nicht ganz.

Noch nicht.

Wie faul ist ein Faultier?

Es gilt als der wahre Entdecker der Langsamkeit. Das seltsame Wesen mit dem runden Grinsegesicht und dem reichlich verwohnt wirkenden graubraunen Zottelsträhnenfell sieht zwar aus wie der Gammler unter den Affen, ist aber näher mit Ameisenbären als mit uns verwandt. Seine langen Fingerkrallen, mit denen es sich kopfüber an Ästen festklammert, erinnern wiederum an Gruselschockerstar Eddie mit den Scherenhänden.

Das Faultier ist so faul, dass es nur einmal pro Woche von seinem Baum herunterklettert, um gewisse Geschäfte zu erledigen. Sonst hängt es am Ast und schläft oder frisst die Blätter seines Wohnbaumes.

Das Faultier gilt als langsamstes Säugetier der Welt. Es bewegt sich gern mit Tempo Null-Komma-Zwei, das heißt: Pro Stunde schafft es zweihundert Meter. Dabei ein Bein vors andere zu setzen kann eine Minute oder länger dauern.

In seinem Fell wachsen Algen, und Schmetterlinge legen dort ihre Eier ab. Die Schmetterlings-Raupen wiederum gelten in Ameisen-Kreisen als Delikatesse. Das Faultier freut sich über die quirligen Fell-Bewohner, denn Algen und Raupen sorgen für perfekte Tarnung: Das Faultier ist vom Ast, an dem es hängt, kaum zu unterscheiden. Erst, wenn dieser Ast am Ast den Kopf wie eine Eule nach hinten dreht und den Betrachter anschaut, ist das Faultier kurz als lebendes Wesen erkennbar.

Können Männer Kinder kriegen?

Bei Menschenmännern lautet die Antwort bekanntlich Nein.

Doch nicht jedes Lebewesen benötigt die Frau zum liebevollen Austragen des Nachwuchses.

Herausragendes Beispiel für diesen entscheidenden Schritt hin zur Geschlechter-Gleichberechtigung auch bei der Frage des Gebärens ist der *Hippocampus*, die Pferderaupe; bürgerlicher Name: *Seepferdchen*.

Bei diesen skurrilen, knautschgesichtigen, langnasigen Wickelschwanz-Fischen haben die Männchen die Bürde der Geburt zu tragen; denn nicht das Weibchen, sondern das maskuline Seepferd wird trächtig.

Jedoch darf das Weibchen in begrenztem Umfang helfen. Es fungiert als Eierproduktions-Stätte. Kommt dann ein Seepferd-Mann herbeigeschwommen und möchte schwanger werden, schießt das Weibchen während des Liebesaktes die Eier in den großen Bauchsack des Männchens. Anschließend übernimmt der Mann die weitere Bespermung der Eier, lässt sich unter Umständen von weiteren Weibchen mit Eiern beschießen und beginnt sein Schwangerschaftsdasein.

Nach etwa zehn Tagen sind die Eier reif, und der Nachwuchs möchte schlüpfen. Das Männchen zieht sich nun in unzugänglich-einsame Seegrasgefilde zurück, und unter vielerlei Anstrengung, Pein und Qual beginnt es heroisch-männlich im Grasgeflecht ausharrend zu gebären. Respekt.

Wie schützen sich Gifttiere vor sich selbst?

Naheliegend und richtig ist die Vermutung, dass zum Beispiel Schlangen peinlich genau darauf achten, sich selbst einfach nicht zu beißen, sondern die Giftzähne bei Bedarf in einen Körper zu bohren, der jemand anderem gehört. Doch natürlich kann aus Tollpatschigkeit alles passieren. Da sieht die Schlange eine Bewegung im Unterholz, schnappt zu und merkt zu spät: Das war der eigene Schwanz.

Für derartige Schussel-Schlangen hat die Natur aber vorgesorgt. Sie produzieren nämlich neben dem Gift in alter Schlangenschläue die Antikörper für das Gegengift gleich mit.

Anders machen es die Quallen. Die oft meterlangen Tentakel der giftigen Nesseltiere schlabbern derart wild im Wellenschlag des Wassers, dass sich die Qualle immer mal wieder selbst berührt. Deshalb hat sie jeden ihrer Tentakal liebevoll mit einer Schleimschicht überzogen. Wird er von einer eigenen Nesselzelle berührt, merkt die Zelle: *Aha, hier brauche ich gar nicht erst aktiv zu werden versuchen, diesen Spezialschleim kenne ich, durch den komme ich nicht durch, selbst wenn ich wollte – denn er schützt meinen Körper vor mir selbst.*

Auch eine suizidgefährdete Qualle könnte sich also mit dem eigenen Gift gar nicht selber meucheln.

5.
Pflanzen

Welches bizarre Sexleben führen chinesische Orchideen?

Zunächst müssen wir sagen: Die meisten Blumen, Sträucher und Bäume auch in Fernost treiben es in bekannter Weise und lassen sich mit freundlicher Unterstützung von Wind und Bienen befruchten.

Das pinkfarbene Orchideenwunderwerk *Holcoglossum Amesianum* ist da allerdings ganz anders drauf. Es wohnt auf Bäumen in der chinesischen Provinz Yunnan und ist da mutterseelenallein auf weiter Flur: kaum Insekten, und der Wind ist auch nicht der Rede wert.

Was also tut die einsame Orchidee? Sie treibt es mit sich selbst.

Und das geht so: *Holcoglossum Amesianum* erblüht zunächst, fährt anschließend ihren Bestäubungsstiel zu imposanter Größe aus – und dann passiert es:

Der Fruchtbarkeit spendende Liebesstängel, nach oben gereckt, beginnt sich zu krümmen, nach hinten unten, entgegen der Schwerkraft, der Blütennarbe entgegen. Ein akrobatisches 360-Grad-Manöver – wenn es gelingt, hat sich die Orchidee ohne weitere Begattungshilfe auf diese Weise selbst beglückt.

Noch nie ist diese bizarre Bestäubungsnummer bei andern Blumen gesichtet worden. *Holcoglossum Amesianum*. Ihr Motto: Selbst-ist-die-Pflanze.

Welche Pflanzen fühlen sich wohl, wenn sie brennen?

Die auf der Erde in der Erde lebende Durchschnitts-Pflanze ist natürlich einigermaßen froh, wenn sie nicht versengt und verbrannt, verfeuert und verkohlt wird.

Aber es gibt ein paar Gewächse mit leicht masochistischem Touch, die über Feuersbrünste jubeln. Das sind die pyrophilen Pyrophyten.

Sie leben vorzugsweise da, wo es richtig heiß und die fröhliche Erwartung von Buschbränden richtig hoch ist. Pyrophyten leben mit und manche erst durch das Feuer. Beispiel: die Venusfliegenfalle. Sie kann oberirdisch verbrennen, stirbt aber nicht, denn ihre Wurzeln liegen tief in der Erde und treiben nach dem Brand neu aus.

Dagegen der Mammutbaum hat sich eine feuerfeste Borke zugelegt. Wenn der Wald brennt, bleibt dieser Baum unverletzt stehen.

Dann die südafrikanischen Zuckerbüsche: Bei Frost gehen sie ein, aber Buschbrände vertragen sie hervorragend, denn ihr Wurzelstock ist feuerfest.

Und besonders ausgebufft: Die kräftig verholzten Samen einiger Silberbaum- und Myrtenarten öffnen sich erst durch die Hitze eines Waldbrandes.
Ohne Feuer gingen diese Pflanzen ein.

Ersetzt gute Gartenplanung den Süßigkeitenkauf?

In gewisser Weise Ja.

Sträucher, an denen Schokoriegel wachsen und Blumen, die Kaugummistreifen produzieren, gibt es zwar noch nicht, aber die Pflanzenwelt kommt dem schon recht nahe:

Das heimische Grün muß nur bevölkert werden mit *Cosmos Atrosanguineus, Cephalophora Aromatica und Chrysanthemum Balsamita*, schon ist der Garten durchduftet von feinsten Zartbitterschokoladen-, Gummibärchen- und Kaugummi-Aromen. Denn die drei gehören zum Umwerfendsten, was der florale Düftekosmos zu bieten hat.

Cosmos Atrosanguineus heißt bei uns Schokoladenkosmee. Ihren rotbraunen, fast schwarzen Blütenblättern entströmt der herbsüße Duft von Zartbitterschokolade.

Cephalophora Aromatica begeistert derweil durch ihren landläufigen Namen Gummibärchenblume und weil sie genauso riecht, wie sie heißt. Zerreibt man ihre quietschgelben Kugelblüten, breitet sich ein durchdringend fruchtigsüßes Aroma aus, vor dem echte Gummibärchen neidvoll erblassen.

Und *Chrysanthemum Balsamita*, das Marienblatt, die alte Bauerngartenpflanze, riecht verschärft nach Kaugummi. Also: wer eine Süßigkeitengeruchsabteilung aus seinem Garten machen möchte: Nur zu, es funktioniert.

Wie alt sind die ältesten Bäume der Welt?

Bis vor einiger Zeit galten einige urwüchsige Kiefern in den Weißen Bergen Kaliforniens als Sieger in der Altershitparade: knapp 5.000 Jahre sind sie alt.

Doch in Wahrheit sind diese Kiefern gerade erst dem Schößlingsalter entwachsen, im Vergleich zu jenen Fichten, die sich jetzt im alten Europa fanden, auf der anderen Seite der Ostsee, in Mittel-Schweden.

Zu einer Zeit, als die Bibel noch nicht geschrieben, das Rad noch nicht erfunden und die Pyramiden noch nicht gebaut waren, da hatten diese Fichten schon ein halbes Erdzeitalter auf der Krone.

Im Nationalpark Fulufjället stehen sie und wachsen auf kargem Land zwischen Flechten, Steinen und Moosen dem schwedischen Himmel entgegen, seit neuneinhalbtausend Jahren.

Ihr Überlebenstrick: Fichten können sich nicht nur durch Zapfensamen fortpflanzen, sondern auch durch Ableger. Das heißt, die schwedischen Methusalems haben in ihrem Leben vermutlich einige hundert Stämme hervorgebracht. Aber alle sind genetisch identisch, also Klone des ersten Fichten-Schößlings, denn alle sprießen aus demselben Wurzelstock, und der ist eben fast zehntausend Jahre alt.

Die Gegend zwischen Mittelschweden und Lappland gilt als Altersheim der Welt für Baumgreise, denn weitere zwei Dutzend Fichten wurden dort bis heute gefunden, allesamt älter als achttausend Jahre.

Verleiht Spinat tatsächlich Riesenkraft?

Zunächst einmal müssen wir sagen: Das spiddelige Seemännchen Popeye, das durch Dosenspinat zum unbesiegbaren Seebären mutiert, übertreibt ein bisschen in Sachen Muskelgewinn.

Grund: Das grüne Gartenkraut enthält viel weniger kraftspendendes Eisen als lange angenommen. Über Jahrzehnte sagte man: Hundert Gramm Spinat enthalten 35 Milligramm Eisen – was unglaublich mega-monstermutanten viel ist … nein: wäre, wenns so wäre.

Doch die Wahrheit ist eisenärmer.

Im Jahre 1890 hatte der Schweizer Gustav von Bunge zwar richtig einen 35-Milligramm-Anteil errechnet, jedoch was keinem auffiel: für getrockneten Spinat. Der frische dagegen enthält neunzig Prozent Wasser; ergo reduziert sich der kraftspendend-gesunde Eisen-Anteil auf übersichtliche 3,5 Milligramm.

So weit, so schlecht. Aber trotzdem lässt Spinat die Muckis wachsen, denn in dem Kraut sind Hormone zu Hause, die dafür sorgen, dass Muskelzellen ihre Eiweißproduktion ankurbeln.

Ergebnis: Laborratten etwa haben nach einem Monat ausufernden Spinat-Dopings 20 Prozent mehr Kraft in ihren Pfoten.

Leider ist dieser Erfolg beim Menschen nur schwer zu erzielen, denn für vergleichbaren Leistungsgewinn müssten wir pro Tag ein Kilogramm dieses Grünzeugs futtern. Blubb…

Haben Pflanzen Gefühle?

Natürlich haben Pflanzen Gefühle, oder was glauben Sie, wie sich eine Tomate fühlt, wenn sie zerschnitten, zerkocht und zerbissen wird?

Im Ernst: Pflanzen mögen es gar nicht, wenn jemand an ihnen herumfrisst oder schneidet. Aber da sie im Vergleich zu Tieren den entscheidenden Nachteil haben, in der Regel nicht weglaufen zu können, behelfen sie sich auf eigene Art gegen fiese Fressfeinde.

Besonders pfiffig: die afrikanische Akazie. Kommt eine hungrige Antilope über die Savanne galoppiert und nagt an der Akazie, schießt der Baum sofort giftige Bitterstoffe in die Blätter, und der Antilope vergeht der Appetit. Gleichzeitig sondert die Akazie Ethylen ab, ein süß riechendes Gas, das per Windtransport andere Akazienfamilien-Mitglieder vor dräuender Antilopeninvasion warnt. Umgehend starten die also gewarnten Bäume mit eigener Giftproduktion. Und wenn die hungrigen Antilopen bei ihnen anlanden, sind die Blätter längst verseucht und ungenießbar.

Derartige Verteidigungsmechanismen besitzen viele Pflanzen. Wenn jemand an ihnen herumknabbert, senden sie Duftstoffe aus, die hungrige Wespen und Würmer anlocken, die ihrerseits an den Pflanzenknabberern knabbern.

In gewisser Weise können Pflanzen also tatsächlich hören, sehen, fühlen und miteinander schnacken.

Welches ist die schnellste Pflanze der Welt?

Die Frage mag zunächst verwundern, denn das florale Gewucher steht – einer Schillerschen Glocke recht ähnlich – meist recht festgewachsen in der Erden, rührt sich höchstens mal im Wind und entwurzelt bestenfalls durch Spaten oder Sturm.

Doch manch spezielles Gewächs bewegt Teile seiner selbst auch gern aus eigenem Antrieb.
Allseits bekannt: die Pusteblume, die ihre Samen an Fallschirmen erst wachsen und später von dannen schweben lässt. Und wenn der Wind günstig steht, landen die Unkrautkinder in Nachbars statt im eignen Garten.

Ganz ohne Wind dagegen kommt der kanadische Hartriegel aus. Er installiert in seinen Blüten Katapulte. Das sind elastische Gelenke, auf denen die Pollen gedeihen. Ist der Hartriegelnachwuchs reif für den Abschuss, schleudert die Rabenmutterpflanze ihre lieben Kleinen innerhalb einer halben tausendstel Sekunde von sich. Das ist zweihundert Mal schneller, als eine Venusfliegenfalle zuschnappen kann.

Mit dieser Eigenbewegung ist der kanadische Hartriegel die schnellste Pflanze der Welt und lässt dabei sogar die NASA alt aussehen, denn wenn ein Astronaut zum Mond oder in irgendeine Erdumlaufbahn geschossen wird, beschleunigt seine Rakete 800 Mal langsamer als hartriegelkatapultierte Pollen.

Für welche Pflanze ist Ungezieferfreiheit ein Greuel?

Es ist ein zwei Meter hoher Busch in Südafrika. Seine Blätter sehen aus wie dürre Farnwedel, die Blüten sind wunderbar weiß und reizend rosa. Ein bezaubernder Anblick, bis der Betrachter näherkommt und sieht: Der Busch ist völlig verwanzt. Er braucht die Wanzen zum Überleben und heißt, wie er aussieht: Wanzenpflanze.

Das Gebüsch ist ein erfolgreicher Insektenjäger. Die Blätter sind überzogen von einem Fangschleim, der anders als bei den meisten beschleimten Pflanzenkollegen nicht wasserlöslich sondern kautschukartig ist, was ihn besonders klebe-schleimig macht. An ihm bleiben ganze Schmetterlinge, Käfer, Fliegen und Libellen backen. Und haben die sich erstmal richtig festkleistern lassen, ist ihr Ende ein rasches: Wanzen krabbeln dann von der Blattunterseite zur Beute – und das Flügeltier ist Geschichte. Die Pflanze selbst kann die Tiere nicht verdauen, aber sie kann die von den Wanzen verdauten Reste verdauen. 70 Prozent ihres Stickstoffbedarfes zieht sie aus dem Wanzenmist.

Die düngerproduzierenden Krabbeltiere bleiben übrigens nicht am Blatte kleben. Sie haben ein perfektes Antihaftsystem aus Wanzen-Schleim entwickelt. Und im Falle einer Überwanzung der Pflanze hilft *Synema Marlothii* gerne weiter: die Krabbenspinne. Sie hat sich auf Wanzenfutter spezialisiert.

Die Wanzenpflanze: Sie lebt nur gut mit reichlich Ungeziefer.

Wie gefährlich sind Kokosnüsse?

Wenn sie friedlich geerntet durch Kokosküchenkisten kullern, während sie auf alsbaldiges Verzehrtwerden warten, sind die braun behaarten Nüsse, die eigentlich keine Nüsse, sondern Steinfrüchte sind, recht ungefährlich.

Doch ihr Dasein als Steinfrucht deutet schon an: Solange sie an ihrer Palme hängen und mit freundlicher Unterstützung der Schwerkraft zu Boden krachen können, sind sie gefährliche Geschosse. Denn so eine Nicht-Nuss wiegt bis zu vier Kilogramm. Wird sie von der Palme geschüttelt, kann sie bei einer Fallhöhe von 25 Metern mit Tempo 80 in die Erde oder in baumschattensuchende Tiere und Menschen einschlagen – und das wäre verheerend, denn sie schlüge ein mit einer Kraft von einer Tonne.

Berichte, dass sich jährlich weltweit einhundert Menschen von Kokosnüssen erschlagen lassen, gehören allerdings ins Reich unseriöser Legenden.

Die Nuss ist also keine Todesnuss, und wir können uns getrost der friedlichen Verwendung widmen: Ist die Schale geknackt, wird sie zu Vasen, Löffeln und Tassen verarbeitet.

Und sie ist in jedem Westernfilm unentbehrliche Geräuschkulisse, denn weil Pferdehufe auf Steppenland einfach nur dumpf und irgendwie unpferdisch klingen, wird das Getrappel in aller Regel durch aneinanderklappernde Kokosnussschalen nachsynchronisiert.

Wer beschert uns die Tulpenpracht im Frühlingsgarten?

Aktuell sind es die Niederlande. Frau Antjes Käse-, Holzlatschen- und Windmühlenland ist der weltgrößte Tulpenproduzent.

Doch ursprünglich kommt die Tulipan aus Persien und Afghanistan. Sie ist in jener Gegend auch gerne Staatswappenblume.

Außerdem führt die Tulpe seit Jahrhunderten ein erfreuliches Dasein als Fruchtbarkeitssymbol. Wer den langen, schlanken, kräftig-männlich emporgeschossenen Blütenkopf betrachtet, ahnt auch, warum das so ist.

Der Name der Fruchtbarkeitspflanze leitet sich vom türkischen *Tülbent* ab, was soviel wie spitzer Turban bedeutet.

Im 16. Jahrhundert kam die Tulpe nach Europa und wurde ganz schnell Luxus-Import-Schlager. Sie war damals mehr wert als Silber, Gold und Edelstein. Eine Tulpenzwiebel kostete 20 Fuhrwerke Korn plus ein Dutzend Kühe plus mehrere Fässer Bier. Bis zum Crash an Hollands Börse 1637.

Heute hat sich der Tulpen-Zwiebel-Einzel-Preis bei übersichtlichen 20 Cent stabilisiert. Telekom-Aktionäre kennen das Phänomen!

6.
Sprache
&
Sprichwörter

Warum ziehen wir die Arschkarte?

Nun, genaugenommen ziehen wir die Karte gar nicht, sondern sie wird für uns gezogen – und zwar seit 1970.

Die Redewendung ersetzt den bis dato gültigen *Schwarzen Peter*, der ebenfalls gezogen wurde, dasselbe Pech und Mißgeschick bezeichnete, aber irgendwie freundlicher klang.

1970 wurde beim Fußball die Rote Karte eingeführt. Und damit auch kurzsichtige und farbenblinde Spieler auf Anhieb erkennen, ob nun die Gelbe oder die Rote Karte gezogen wird, holt der Schiedsrichter das freundliche Gelb aus der Brusttasche, das unattraktive Rot dagegen aus der Gesäßtasche – und damit bekommt der Spieler im wahren Wortsinn *die Arschkarte gezogen.*

Seit wann und warum sind wir auf dem Holzweg?

Die Pfade, auf denen wir wandeln, können wir mit und ohne Umweg nehmen; sie sind malerisch, anheimelnd, kurvenreich; gefahrvoll, einsam, unbequem; ausgetreten, schlaglochreich, belebt, und viele Wege führen nicht nur nach Rom, sondern vor allem ans Ziel, nur einer nicht: der Holzweg, denn der führt nirgends hin, und das schon seit dem 13. Jahrhundert.

Damals wurde der Begriff im Holzfällermilieu geprägt. Denn der Holzweg ist wirklich ein Holz-Weg. Es ist die Straße, die die Bäume nehmen, wenn sie, von Ast und Wurzel befreit, den Weg aus dem Wald hinaus finden, um später als Schiffsplanke, Dachstuhl und Streichholz zu enden.

Um die Bäume aus dem Wald herauszubekommen, werden Schneisen geschlagen: schöne, gerade, breite Schneisen, damit die schweren Stämme von Pferdefuhrwerken oder LKW abtransportiert werden können.
Aber die Schneisen-Straßen sind Sackgassen. Wer sie von Ferne mustert, kann meinen, dort führe ein wunderbarer Weg durch den Wald. Doch Wanderer gib acht: Dieser Pfad ist ein Irrpfad. Er endet im Nichts, im Wald, wo der Weg der geschlagenen Bäume beginnt. Du kannst darauf wandeln, doch du kommst nicht weit.
Im übertragenen Sinne heißt das: Deine Gedanken sind falsch, du schreitest voran auf dem sprichwörtlichen Holzweg.

Warum lassen wir jemanden im Stich?

Einerseits, weil wir feige sind; andererseits, weil es vor Zeiten feige Ritter gegeben hat.

Das schnöde *im-Stich-lassen* stammt aus dem meist rühmlichen, mitunter unrühmlichen Turnier-Unwesen. Wenn dort der holde Kämpe seinem nicht minder holden Gefährten nämlich nicht nach Kräften half, überließ er ihn den Speer- und Lanzen-Stichen des Gegners. Selbiges taten auch kaltherzige Knappen, die ihren aus dem Sattel gefetzten Herrn nicht aus der Lanzenzone des Gegners schleppten.

Denn wer auf dem Turnierplatz liegenblieb, auf den durfte weiter munter eingestochen werden. Er wurde also im Wortsinn *im Stich gelassen* – was damals als tendenziell unrühmlich galt und bis heute gilt.

Warum sind politische Quantensprünge peinlich?

Wenn Politiker erfolgreich wirken wollen, vollführen sie gerne Quantensprünge: in der Außen-, Innen- und Familien-Politik, und immer, wenn ihnen etwas schönes, großes, wichtiges gelungen scheint.

Ganz klar: In unserer superlativigen Zeit der Superstars und Megaperls, ist ein stinknormaler Sprung zu kurz gesprungen, da muss es schon der Quanten sein.

Das ist aber fatal, denn selten haben wir beim artfremden Verwenden wichtig klingender Wort-Ejakulationen so super-mega-sensationell in die Grütze gegriffen. Denn in der Physik bezeichnet der Quantensprung eine Zustandsänderung im atomaren Bereich, zumeist sogar von einem hohen auf ein niedriges Energieniveau.

Das bedeutet: ausgerechnet dieser angebliche Megasuper-Sprung ist in Wahrheit ein winzig kleiner Schritt – blöderweise auch noch zurück.

So gesehen kommen einige politische Quantensprünge der Originalverwendung des Begriffs ungewollt schon auch sehr nahe … manch angeblicher Politerfolg ist in Wahrheit ja wirklich nur ein – winziger – Quantensprung.

Warum ist das Rote Tuch nicht weiß?

Nun, das war es mal, doch das ist lange her.

Das Rote Tuch, das sprichwörtliche Zeichen der Wut, stammt aus spanischen Kampfarenen. Es soll den Stier zum Angriff reizen.

Doch dem Tier ist die Tuchfarbe völlig schnuppe. Stiere, die armen Wichte, sind nämlich rot-blind. Was sie irre und kirre, wild und wirr macht, das ist das bekloppte Herumgewedel und Gefuchtel mit dem Tuch.

Wenn's den Stier also gar nicht interessiert, warum ist das Tuch dann rot und nicht grün-blau gestreift mit gelben Punkten – das würde wenigstens die Zuschauer aggressiv machen.

Ganz einfach: Das Tuch, die Muleta, war früher mal weiß. Weil aber während des Kampfes das Blut des Stieres dieses Wedel-Tuch eh immer eingesaut hat, beschlossen die holden Kämpen irgendwann: Wedeln wir doch gleich mit einem roten Tuch. Da fällt die Blutsauerei nicht so schnell auf. Voilá: So wurde das Rote Tuch geboren.

Wann stirbt ein Seemann?

Raucher wissen nur zu gut vom alten Leid zu singen:
Wenn das einzige Feuerzeug leer ist und das letzte
Streichholz verbrannt, wenn kein Nachbar da ist, an dessen glimmendem Saugstängel der eigene entzündet werden kann und der Weg zum nächsten Lagerfeuer zwei
Monate entfernt in wärmeren Jahreszeiten verborgen
liegt, dann greift die Rauchsucht zum letzten, äußersten,
furchtbarsten, schändlichsten, verabscheuungswürdigs-
ten aller Mittel:
Wir stecken uns die Kippe an einer Kerze an. Und wir tun
das, obwohl wir wissen, dass dann ein Seemann stirbt. Da
hilft auch dreimal Klopfen auf Holz nur wenig.

Das Geheimnis: Der Seemann stirbt, weil die Männer
der Meere in früheren Zeiten kolossal an der Streichholz-
Produktion verdienten. Im Winter blieben Seeleute oft
zu Hause an Land – und jobbten in Zündholzfabriken.
Wer seine Zigarre, Zigarette oder Pfeife also an der Kerze entbrennt, nimmt so dem Seemann die Arbeits- und
Lebensgrundlage – und der Seemann muss sterben.

Warum klopfen wir dreimal auf Holz?

Natürlich klopfen wir nur aus Aberglauben, das ist mal klar. Wir freuen uns über unser Glück, sprechen die Freude aus – und dann, oh Schreck mit Weh und Ach, damit das Glück nicht in Pech umschlägt, klopfen wir auf Holz.

Dahinter steckt magisches Denken. Lautes Sprechen über Glück zieht böse Geister an, die das Glück zerstören wollen. Später haben Neider aus Fleisch und Blut die Geisterfunktion übernommen. Wer über Erfolg und Freude spricht, sollte bis heute zusehen, dass er sich übellaunige Glück-Zerstörungs-Geister vom Halse hält – die gespenstigen und die lebenden.

Zurück zum Holz: Nach altem Glauben lässt sich wirklich jedes Grusel-Gespenst durch Lärm verjagen. Daher das Herumgeklopfe auf dem armen Holz. Und Holz muss es sein, weil wir nur mit etwas Lebendigem den toten Gruselgeist vertreiben können.

Bäume gelten im Volksglauben seit alter Zeit als beseelt und lebendig. Selbst wenn sie ein zersägtes Dasein als Dachlatte, Pantoffelsohle und Kienspan fristen, bleiben sie trotzdem Symbol des Lebens.

Und dreimal klopfen müssen wir, weil die Drei eine der stärksten heiligen, magischen und Dämonen abwehrenden Zahlen in fast allen Religionen ist.

Übrigens wenn kein Holz zum Draufrumklopfen da ist, tut's auch der eigne Kopf … der ist ja auch entsprechend lebendig … bei den meisten … irgendwie …

Welche Errungenschaften verdanken wir Fürst Pückler?

Um es vorweg zu nehmen: Das Dreilagen-Erdbeer-Scho-ko-Vanille-Eis ist es nicht, denn das wurde von einem geschäftstüchtigen Brandenburger Eisfabrikanten nur nach dem Fürsten benannt.

Pückler selbst hielt es eher mit dem Wort. Er war einer der erfolgreichsten Bestsellerautoren des 19. Jahrhunderts und darüber hinaus sprachakrobatisch veranlagt. Pückler führte hübsch viele neue Wörter in seine Muttersprache ein:
Beispielsweise übernahm er aus dem Englischen den Begriff *Sport*: 1828 in seinem Buch *Briefe eines Verstorbenen*. Und wir müssen zugeben: Anders als die überkommene Leibesübung und altertümelnde Körperertüchtigung klingt Sport bis heute irgendwie sportlicher.

Wem die Anglisierung des Deutschen dennoch missfällt, sollte sich bei Pückler übrigens recht umfangreich beschweren, denn das Wort *Pony* hat er uns ebenso beschert wie den Ausdruck *shoppen gehen*. Gelegentlich einer Reise- und eben Shopping-Tour nach Konstantinopel damals verwendete er das Wort zum ersten Mal. Und das ist mehr als anderthalb Jahrhunderte her.

Wäre Deutsch beinahe Amtssprache in Amerika geworden?

Der Legende nach stimmte der US-Kongress Anno 1795 mit nur einer Stimme Unterschied für Englisch gegen Deutsch als Amtssprache im Land der unbegrenzten Möglichkeiten.

Doch dieses Votum hat es so nie gegeben.

Wahr ist, dass die starke deutsche Amerika-Fraktion forderte, dass die jeweils neu verfügten Gesetzestexte fürs Volk nicht nur auf Englisch, sondern auch auf deutsch veröffentlicht werden sollten. Darüber gab es tatsächlich eine Abstimmung, die mit jener berühmten einen Stimme Mehrheit aber zunächst vertagt und später abgeschmettert wurde.

Es ging also um mehrsprachige Veröffentlichungen und nicht um die Frage der Amtssprache – konnte es auch nicht, denn bis auf den heutigen Tag hat Amerika gar keine offizielle Amts-Sprache. Englisch wird zwar de facto für alle wichtigen und weniger wichtigen Angelegenheiten des täglichen Lebens benutzt, aber es gibt kein Bundesgesetz, das den Amerikanern eine Sprache zur offiziellen Benutzung vorschriebe.

Warum ist El Silbo eine ziemlich ungewöhnliche Sprache?

El Silbo ist die Pfeifsprache der kanarischen Ureinwohner. Heute wird sie noch auf La Gomera gepfiffen.

Pfeifsprachen sind meist in unwegsamen dünnbesiedelten Gebirgsregionen zu Hause. Sie sind kein Ersatz für die Sprechsprache, sondern ähnlich wie das Jodeln eine Ergänzung.

Aus Zahnwuchs- und -ausfall-Gründen sind sehr junge und sehr alte Menschen der Pfeifsprachen in der Regel noch nicht oder nicht mehr mächtig.

Wissenschaftlich betrachtet wird beim gekonnten Pfiff die Sprechsprache in Pfeiflaute übersetzt, so wie die Schrift die Sprache in visuelle Zeichen verwandelt.

Im Falle *El Silbo* werden nur vier Konsonanten und zwei Vokale sozusagen vertont, aber damit kann der Pfeifer komplette und komplexe Gespräche führen. Was er zu sagen respektive zu pfeifen hat, moduliert er in Tonhöhe und Pfeiflänge.

Vorteil des Angepfiffenwerdens: Es ist die lautest mögliche Verständigungsform, die ohne technische Verstärkung eine Reichweite von zehn Kilometern haben kann, je nachdem, wie der Wind gerade steht.

El Silbo zählt zum Unesco Weltkulturerbe. Weltweit gibt es rund 60 Pfeifsprachen.

Auf La Gomera ist das Pfeifen sogar ordentliches Unterrichtsfach. Da bekommen Sätze wie: *Ich pfeif auf den Lehrer*, völlig neue Bedeutung.

7.
Erfindungen

Welche norddeutsche Erfindung steht auf allen Straßen der Erde?

Ganz klar: das Lübecker Hütchen.

Immer dann, wenn Baustellen abgesperrt, überflutete Gullys gesichert und die abrupten Enden noch nicht ganz fertiger Straßen gekennzeichnet werden sollen, kommt die Erfindung des Lübeckers Ewald Kongsbak zum Einsatz: der rot-weiß geringelte Verkehrsleitkegel – manchmal auch mit schicker Warnblitzlampe auf dem Kegelkopf.

Ewald Kongsbak erfand das Hütchen nach einem dramatischen Zwischenfall: Bis 1952 wurden für Straßensperrungen rot-weiß gestrichene und mit einem Stein beschwerte Fässer verwendet. Doch dann rammte ein Autofahrer so ein Fass, der Stein flog durch die Windschutzscheibe und köpfte den Mann.

Kongsbak suchte und fand eine bessere rot-weiß geringelte Lösung: seine Gummikegel. Die waren leichter, außerdem stapelbar und weniger gefährlich.

Heute werden sie meist in Frankreich produziert, aber ihren Namen haben sie behalten: Lübecker Hütchen.

Was spie der erste Münzautomat der Welt aus?

Geld rein, Knopf oder Hebel drücken, und schon kommen wahlweise Schokolade, Zeitungen oder eingeschränkt lecker aussehende Wurst-Brote heraus, heutzutage.

Aber der erste Automat der Welt versorgte den Geldgeber mit Weihwasser.
Heron von Alexandria ertüftelte die wegweisende Maschine irgendwann zwischen hundert vor und hundert nach Christus und sorgte dafür, dass dem Gläubigen im Tempel nach schönster Kaufmannsmanier das liebe Geld aus der Tasche gezogen wurde.

Man musste nur ein Fünfdrachmenstück in einen Schlitz werfen, und schon setzte sich Wunderbares in Bewegung: Die Münze fiel auf eine Schale am Ende eines Hebels. Die Schale senkte-, der Hebel hob sich und öffnete ein Ventil, aus dem eine ebenso sparsam wie genau bemessene Menge geweihten Wassers den gläubigen Münzwerfer bespritzte. Am Ende rutschte die Münze aus der schrägen Schale in einen Schacht, der Hebel schnellte zurück, und das Weihwasserbächlein versiegte.

Ein Automat, der alle glücklich machte: der Gläubige hatte sein kleines Wasserwunder und der Priester seinen etwas größeren Geldsegen.

Mit welcher Erfindung hat Melitta Benz die Welt beglückt?

Die Dresdener Dame fand, dass türkisch gebrühter Kaffee nur eingeschränkt schmeckt, außerdem körnig im Munde fusselt und unschön in Zahnlücken hängen bleibt. Darüber hinaus fehlte ihr noch etwas, wofür die Leute Geld ausgeben können sollten.

Also setzte sich Hausfrau Melitta hin, fledderte die Schulhefte ihres Sohnes auseinander und sammelte des Lendensprosses Löschblätter. Dann durchlöcherte sie einen Messingtopfboden, legte die Löschlätter hinein – voilá, der Kaffeefilter war erfunden.
Das war vor gut hundert Jahren im Juni 1908.

Die Hausfrau beschloss daraufhin, zur Unternehmerin Melitta zu mutieren, ließ ihre Kaffeefilterfirma ins kaiserliche Handelsregister eintragen mit einem durchaus überschaubaren Eigenkapital von 73 Pfennigen – und produzierte munter drauflos.

Melittas Gatte Hugo sowie die Söhne Horst und Willi stiegen ins mütterliche Unternehmen ein und legten den Grundstein für eine Weltfirma.

Auch Melittas Nachfahren waren ganz pfiffig: 1962 brachten sie den ersten vakuumverpackten Kaffee auf den Markt. Wohl bekomms.

Wer hat den Kronkorken erfunden?

Es war ein Mann, der durch unbändige Tüftlerwut ebenso auffällig wie unsterblich geworden ist: der irische Erfinder William Painter.

Painter wanderte nach Amerika aus und wollte unbedingt reich und berühmt werden. Knapp hundert Patente hat er angemeldet, doch die meisten floppten, weil sie unter die Rubrik *Dinge, die die Welt nicht braucht* fielen, wie etwa Painters Papierfaltmaschine und sein Eierschalensollbruchstellenverursacher, kurz Eierköpfer.

Aber dann gelang ihm doch noch der ganz große Wurf. Damals um 1890 kamen Kohlensäuregetränke in Mode, aber die Flaschenverschlüsse aus Porzellan, Metall und Kork hielten nicht dicht. Entweder zogen sie Luft, und man hatte eine abgestandene Brühe im Mund; oder die Flaschen explodierten, und es gab eine klebrige Sauerei. Da erfand Painter 1891 ein rundes Wegwerf-Utensil aus Metall mit 21 Zacken – den Kronkorken.

So wurde er am Ende doch noch reich und berühmt – und wir können das Kohlensäuregeschlabber genießen. Danke William und Prost.

Wer hat den Teebeutel erfunden?

Es war vor reichlich hundert Jahren der amerikanische Teehändler Thomas Sullivan, und er hat den Beutel aus Versehen erfunden.

Das Geschichte lief so:
Sullivan verschickte an seine Kunden Teeproben, wie damals üblich, brav in schönen teuren Blechdosen. Um das kostspielige Blech zu meiden, füllte Sullivan ab 1908 den Tee in platzsparende Seidenbeutel ab. Seine Kunden waren beglückt und brühten im irrigen Glauben, Sullivan habe das so vorgesehen, die Teeproben gleich im Seidensack auf – und schon war der Teebeutel entstanden.

Doch dann passierte bedauerliches: Andere Händler taten es Sullivan gleich, mixten aber, weil die Säcke so schön undurchsichtig waren, minderwertiges Kraut mit unter den dann nur noch sogenannten Tee und brachten den Beutel als Herberge fürchterlichsten Unkrauts in Verruf. Es folgten Teebeutelversiegelungs-Versuche renommierter Firmen, die fortan mit ihrem guten Namen für die Krautqualität bürgten. Doch das Versiegeln erfolgte durch Klebstoff, der den Tee pappig und muffig schmecken ließ.

Erst 1929 erfand Adolf Rambold Bahnbrechendes: Für die Dresdner Firma Teekanne ersann er den bis heute in Deutschland üblichen geschmacksneutralen Doppelkammerbeutel mit Heftklammerverschluss.

Welcher Politiker war gleichzeitig Erfinder?

Es war ein gewisser Konrad Hermann Joseph Adenauer, seines Zeichens Kanzler und produktiver Tüftler.
Adenauer erfand ganz fürchterlich viele Dinge, die die Welt nicht braucht. Seine sogenannte Friedenswurst aus Soja ist kein Verkaufsrenner geworden.

Andere Erfindungen teilen dieses Schicksal, wie die Elektrobürste zur Schädlingsbekämpfung. Hobbygärtner Adenauer verabscheute Ungeziefer ebenso wie chemische Ungeziefer-Bekämpfungsmittel, also verband er eine Bürste, die aussah wie ein breiter Malerquast, mit einem Elektrokabel, tauchte die Bürsten-Borsten in einen Wasserbottich und bestrich damit ungezieferbefallene Baumborke; die fiesen Fresskäfer verendeten durch Stromschlag. Da jene Stromstöße aber auch für den Bürstenführer nicht ganz ungefährlich waren, gelangte dieses pfiffige Gerät leider Gott sei Dank nie in den Handel.

Ein weiteres adenauersches Tüftelprodukt war ähnlich erfolgreich: So wollte keine einzige Strümpfe stopfende Hausfrau außer der eigenen sein leuchtendes Stopfei haben.

Auch dem inwendig beleuchteten Toaster war kein Erfolg beschieden, und die Gartenharke mit integriertem Steinzerklopfer hat es gleichfalls nie zur Serienreife gebracht. Adenauer: als Politiker erfolgreich, als Erfinder dagegen gehört er ins Skurrilitätenkabinett.

Wer hat die Glückskekse erfunden?

Sie sind der Wurm im Apfel chinesischer Menüs: kleine eierteiggelbe, geschmacksneutrale Plombenbrecherkekse mit eingebackenen Weisheits-Zetteln und Sprüchen wie: *Geld allein macht nicht glücklich.*
Bedanken für den Flachsinn dürfen wir uns bei den Chinesen nur, weil sie die Kekse in Umlauf bringen. Erfunden haben soll sie aber ein japanischer Einwanderer in den USA: Makato Hagiwara im Jahre 1909. Der Mann betrieb in San Francisco einen Teegarten und reichte seinen Gästen zum Abschied Kekse mit fernöstlichem Weisheitskern, damit sich die also Verabschiedeten gern an Hagiwara erinnerten.
Knapp ein Jahrzehnt später kam ein Restaurantbetreiber in Los Angeles auf dieselbe putzige Weisheitenverteil-Idee und bezog das Glückskeks-Erfindung-Recht fürderhin auf sich.
Wem die Tüftler-Ehre wirklich gebührt, konnte bis heute nicht ganz geklärt werden.
Nach China kamen die Kekse jedenfalls erst in den 1990er Jahren – vorher waren sie dort völlig unbekannt. Und bei uns könnten sie noch erfolgreicher sein, wenn sie endlich anspruchsvolle Sprüche enthielten, wie zum Beispiel diese:
Wenn ich du wäre, wäre ich lieber ich.
Oder: *Das war gar kein Hühnerfleisch.*
Oder: *Lebe immer Erster Klasse, sonst tun es deine Erben.*
Und: *Geld allein macht nicht unglücklich.*

Seit wann gibt es Ampeln?

Wir lassen uns seit Jahrtausenden umlichtern. Vom lateinischen *Ampulla* für Fläschchen abgeleitet, sind Ampeln als Hängelampen seit der Antike bekannt. Aus Bronze oder Ton gefertigt, wurden sie mit Öl befüllt und durften des Tages dunkle Stunden flackernd beblökern.
Im Mittelalter wurden sie durch Kerzen ersetzt, nur als Ewiges Licht sind sie in katholischen Kirchen weiter üblich.

Eine Ampel aber lotst uns täglich durch den Straßenverkehr: die rot-gelb-grüne Lichtzeichen-, Lichtsignal- oder Wechsellichtzeichen-Verkehrsanlage, wie sie offiziell in Amtsdeutsch-Sprachverhunzungsdialekten liebevoll genannt wird.
Die erste ihrer Art stand in London, doch ihr war nur kurzes Leben beschieden: Am 10. Dezember 1868 wurde die erste Verkehrs-Ampel der Welt vor dem Westminster-Palast aufgebaut, eine hübsche Gaslaterne, die nach kurzer Zeit explodierte.

Daraufhin wartete man einige Jahrzehnte, bis das elektrische Licht erfunden worden war und installierte am 5. August 1914 eine strombetriebene Variante. Diese erste elektrische Ampel erfreute die Welt mit ihrem Licht in Cleveland, Amerika. Sie war noch zweifarbig rot und grün. Das Gelblicht kam 1920 in New York und Detroit dazu. Kontinentaleuropa zog später nach: 1922 in Paris und Hamburg.

Wer hat das Sudoku erfunden?

Die vorgeblich japanische Zahlenrätselei trägt immerhin einen fernöstlichen Namen. Sudoku ist ein japanisches Kunstwort und steht sinngemäß für: Jede Zahl bleibt allein und darf nur einmal vorkommen.
Das war aber auch schon die ganz große Verbindung nach Fernost, denn Sudokus Wurzeln liegen in Europa und Amerika.

Im weitesten Sinn geht das Spiel auf die magischen Zahlen-Quadrate des Mittelalters zurück, im engeren Sinn auf die im 18. Jahrhundert entwickelten lateinischen Quadrate des Schweizer Mathematikers Leonhard Euler. Sein Knobelsystem ist dem Sudoku sehr ähnlich. Auch in Eulers Quadraten durfte eine Zahl pro Zeile und Spalte nur einmal auftauchen.

Das moderne Sudoku ist zusätzlich in einzelne Blöcke unterteilt, und die hat der Amerikaner Howard Garns erfunden. 1979 veröffentlichte er in einer Rätsel-Zeitschrift sein erstes Sudoku, das er *Number Place* nannte. Es war nur mäßig erfolgreich, bis es Mitte der 80er nach Japan schwappte. Eine Zeitschrift dort druckte es regelmäßig ab und verlieh ihm den Namen Sudoku.

Was folgte, war ein rätselreicher Siegeszug um die Welt. Etwa 2005 wurde Sudoku auch in Europa populär.
Das alte lateinische Quadrat ist also verfeinert und aufgepeppt als Reimport nach Hause zurückgekehrt.

Was ist ein Chindogu?

Es ist das japanische Wort für *seltsames Werkzeug*.

Meister absurder Chindogu-Erfindungen ist ein gewisser Kenji Kawakami. Der Mann stellt seit Jahren durchgeknallte Geräte nach harten Vorgaben her: Chindogus müssen Alltags-Werkzeuge sein, dürfen nicht patentiert werden und sollen nicht in den Handel kommen.

Chindogus lösen Nerven zerstörende Alltagsprobleme, indem sie durch kreative Kompliziertheit neue Probleme schaffen.

Beispiel: Der Brillenventilator zum Zwiebelnschneiden ist ebenso nützlich wie unhandlich.

Aber Chindogus machen das Leben einfach schöner: Schniefnasen haben immer Papier parat dank einer auf dem Kopf installierten Klopapierrolle.

Wir verbrennen uns nie wieder die Zunge an heißen Spaghetti dank des Unterarmventilators zum Nudeln kühlen.

Wir werden nie wieder regennass dank der Regenschirmkrawatte. Das ist ein um den Hals gebundener Regenschirm, der den herkömmlichen aber nutzlosen Schlips ersetzt.

Niemand läuft mehr mit verschmierten Lippenstift-Lippen durchs Land, dank der beim Lippenbemalen um den Mund herum gebundenen Lippenstift-Schablone.

Dazu gibt es Schuhe ohne Sohlen für heimliche Barfußläufer und Trichter-Brillen als Augentropfen-Einträufelhilfe für Zitterfinger.

Chindogus: damit das Leben lustiger wird. Und jeder kann jederzeit neue erfinden.

8.
Sport

Warum sind antike olympische Läufer immer nackt?

Erstens sind sie meist extrem gut gebaut. Zweitens waren die Alten knackigen Griechen nicht besonders prüde.

Die Athleten sind tatsächlich nackt an den Start gegangen. Schuld war Orsippos von Megaron. Bei den 15. Olympischen Spielen 720 vor Christus passiert dem durchtrainierten Ausnahmeläufer zunächst höchst hinderliches: Sein ziegenlederner Lendenschurz scheuert. Orsippos greift kurzentschlossen den Schurz und schleudert ihn davon, sprintet befreit wie Zeus ihn schuf dem Ziel entgegen und gewinnt den Lauf.

Jetzt dachte jeder, das Fehlen des Lederläppchens allein habe dem jungen Mann den Sieg verschafft. Also traten von da ab alle Läufer im durchtrainierten Adamskostüm an.

Deshalb sind auf antiken Wandfriesen und Vasen alle Läufer nackt. Anstoß erregt das nicht.
Interessant wäre aber herauszufinden, was passierte, wenn Orsippos laufende Nachfahren im 21. Jahrhundert ihrem antiken Vorbild nachzueifern versuchten.

Welche Regeln gelten beim Frauentragen?

Das attraktive und beliebte Frauentragen ist in Finnland der Hit unter sportbegeisterten, heterosexuell veranlagten Männern.

Die Regeln sind überschaubar simpel: Eine mindestens 49 Kilogramm schwere weibliche Person muss durch einen dreihundert Meter langen Parcours über Sandhaufen, Wassergräben und Holzhürden hinweg geschleppt werden. Wer plietsch ist, schnappt sich eine Frau mit möglichst breiten Armen, Becken und Hüften, denn der Sieger bekommt die Kilos seiner Schleppfrau in Bier aufgewogen.

Der Sport stammt aus Finnlands glorreicher Vergangenheit. Im 18. Jahrhundert klaute die Gangsterbande von Roinkainen neben lebenswichtigen Dingen wie Gold und Edelsteinen auch Frauen – am liebsten aus den Nachbardörfern. Wer Mitglied der Truppe werden wollte, musste sich in diesem Weiberschleppen bewähren.
Daraus ist der schnuckelige Volkssport des Frauentragens entstanden. Als Weltmeisterschaft gibt es das schon – vielleicht auch bald als olympische Disziplin?

Welcher Schweizer Nationalsport verbirgt sich hinter der Hornuss?

Wenn sie ausnahmsweise nicht versuchten, Fußball-Europameister zu werden, dann turnen die Schweizer ja ganz gerne. Jedes Dorf hat mindestens einen Turnverein, in dem so attraktive Gesellschafts-Spiele wie Rhönradlaufen, Prellball und Seilspringen ausgetragen werden.

Wirklich gut sind die Schweizer allerdings im Hornussen. Dieses Schlagspiel ist ein Mix aus Cricket, Baseball und Golf. Es bleibt auch bei fortgeschrittenem, hochprozentigem Getränkekonsum immer noch irgendwie verständlich, denn das Regelwerk ist überschaubar:
Die Hornuss wird vom Bock mit dem Stecken ins Ries gehauen, und der Gegner versucht das mit der Schindel zu verhindern.

Auf deutsch: Eine Holzscheibe wird mit Tempo 300 von einer Abschussrampe mit einem Knüppel quer über eine Almwiese geschlagen, und der Gegner, auf den die Hornuss zurast, versucht, das fliegende Geschoss mit einem Holzpaddel zu stoppen. Wenn er das schafft, hat er gewonnen, sonst nicht. Toll.

Ist der Fußball eine deutsche Erfindung?

Eindeutig Ja.
Die formschön weiß-schwarz gescheckte Lederpelle mit ihren malerischen Fünf- und Sechsecks-Waben ist Made in Germany.

Entwickelt hat sie der deutsche Sportartikel-Fabrikant Adidas. 1970 wurde sie zum ersten Mal bei der WM in Mexiko durch diverse Tore gekickt.

Alle Bälle davor waren irgendwie ganz anders.

Angefangen hatte alles bei den alten Chinesen vor vier-einhalb tausend Jahren. Die Jungs traten damals nach Le-derbällen, die mit Tierhaaren und Federn gefüllt waren. Die Griechen später pusteten Schweineblasen auf, näh-ten ganz kunstvoll Hirsch- oder Schweineledersstreifen drumrum und bolzten sich damit wahlweise Sieg oder Niederlage entgegen. Klar, dass die Schweineblasen-Pelle auch nur theoretisch rund war.

Erst mit der 1970er WM wurde das Runde Leder wirk-lich rund, denn der Adidas-Telstar-Ball, wie er genannt wurde, war der rundeste Ball seiner Zeit und gilt bis heu-te als Urvater aller modernen Fußbälle.

Was verbindet Eisenbahn, Polizei und Fußball?

Ganz eindeutig ist das die Trillerpfeife, jenes Trommel-
fell erschütternde Kreischinstrument, das auch von bös-
artigen Kindern zu nachtschlafender Zeit zwischen die
Lippen gesteckt wird, um ihre Umwelt in den akustischen
Wahnsinn zu treiben.

Diese Trillerpfeife verdanken wir Mister Joseph Hudson,
einem plietschen Erfinder aus Birmingham. Jener Daniel
Düsentrieb Hudson gewann 1883 einen Wettbewerb der
Londoner Polizei. Die Bobbys suchten damals ein Gerät,
mit dem sie lauter und schneller Aufmerksamkeit erregen
konnten als mit ihren alten Handrasseln, die sie bis dahin
benutzten.

Hudosn entwickelte daraufhin eine kleine, laute
Messingtrillerpfeife, die die Polizei entzückte, Eisen-
bahn-Schaffner hernach begeisterte und das Fußballspiel
revolutionierte. Zwar wurde schon ein paar Jahre zuvor,
1878 bei einem Spiel des FC Nottingham Forrest, eine
Schiri-Pfeife eingesetzt, aber das war irgendein gut über-
hörbares Feld-Wald-und-Wiesen-Modell. Erst seit Hud-
sons bahnbrechend lauter Trillerpfeifenvariante pfeifen
die Schiris regelmäßig: mal besser, mal schlechter, aber
immer schön laut.
Bis zur Hudson-Erfindung haben die Schiedsrichter
übrigens, statt ins Pfeiflein zu blasen, mit Taschentüchern
gewedelt.

Warum sehen Fußballplätze immer so langweilig aus?

Zweifarbig grüne Rollrasenstreifen quer zum Spielacker auf Einheitslänge gemäht, dazu zwei Einheitstore und weiße Striche und Kreise auf dem öden Einheitsgrün: Mehr ist da ja nicht, aus landschaftsgärtnerischer Sicht.

Schuld an dieser faden Fußball-Wiesen-Wüste sind die *Jenaer Regeln*. Anno 1896 aufgestellt, betreffen sie das Aussehen der Spielfläche.
Der wichtigste Satz: *Das Feld muss frei von Bäumen und Sträuchern sein.*

Wie schön wäre es doch, wenn alte Eichen ein Tor umkränzten; wie malerisch, wenn urige Ulmen im Strafraum Schatten spendeten; wie betörend, wenn Flieder, Oleander und Lavendel vom Spielfeldrand Duftwolken entströmten.

Doch nichts dergleichen reizt die Sinne, seit die Jenaer auf ihren Oberaue-Wiesen zu bolzen beschlossen: Die Wiesen waren Überschwemmungs-Land der Saale und als solche bevölkert durch allerlei florale Daseinsformen – was das Fortkommen der Bälle zugegeben etwas erschwerte. Drum verbot man zum Leidwesen von Naturliebhabern auf dem Spielfeld den Baum und nicht den Ball. Die Regel gilt bis heute.

Wer hat das Elfmeterschießen erfunden?

Nun, der Elfmeter heißt in Wahrheit Zwölf-Yards und verdankt seine Existenz dem irischen Torwart William McCrum. Im Jahre 1891 führte der Mann die gerne Spiel entscheidende Regel ein, um fiese Fouls zu bestrafen: Wenn der gemeine Gegner uns aus Bosheit ein Bein stellt, gibt's Elfmeter.

Deutschland zog mit dieser Regel zwei Jahre später nach – und dabei blieb es lange Zeit.

Erst ein gewisser Karl Wald, Schiedsrichter aus Bayern, beglückte die Fußballwelt mit einer pfiffigen Elfmeter-regel-Erweiterung. Bis 1970 wurde ja, stand ein Spiel am Ende unentschieden, bei EM und WM eine Münze geschmissen: Kopf oder Zahl … nicht der bessere, sondern der glücklichere gewann. Wald fand das nur eingeschränkt sportsmännisch und schlug vor, auch dafür das Elfmeterschießen zu verwenden. Selbiges geschah, und schon wenige Jahre später bestand diese attraktive, an russisches Roulette erinnernde Spiel-Entscheidungshilfe eine grandiose Feuertaufe: Bei der EM 1976 bolzten Deutsche gegen Tschechen im Finale, und dank der plietschen Elfmeterregel des Deutschen Karl Wald gewannen die Tschechen das Spiel und wurden Europameister. Danke Karl.

Wann beginnt die nächste Olympiade?

Ganz klar: Die jeweils nächste Olympiade startet exakt am Tage nach dem Ende gerade laufender Olympischer Sommer- oder Winterspiele.

Anders, als der Volksmund freudig falsch formuliert, bezeichnet die Olympiade nicht die Spiele selbst, denn die heißen einfach Spiele.

Die Olympiade ist der Zeitraum zwischen den Spielen. Sie ist eine enge Verwandte der Dekade, des Zehnjahreszeitraums, jedoch ist die Olympiade kürzer, viel kürzer. Seit Alter Zeit währt sie genau vier Jahre. Und diese Alte Zeit, in der alles Olympische begann, liegt wirklich weit zurück, denn die erste Olympiade ist belegt für die Jahre ab 776 vor Christi Geburt.

Allerdings beklagte der nicht ganz so alte Herodot im 5. vorchristlichen Jahrhundert, dass die Leute den Begriff bereits zu seiner Zeit ganz falsch und auf die Spiele selbst verwandten; diese Unsitte hat sich bis auf den heutigen Tag erhalten. Freundlicherweise hat sich aber auch jenes Wissen bis auf den heutigen Tag erhalten, dass es eine Unsitte ist, die Olympischen Spiele nicht Spiele sondern Olympiade zu nennen. Alles klar?

Was hat Norddeutschland mit Olympia zu tun?

Sehr viel, denn ohne den Norden gäbe es heute keine Olympischen Spiele.

Der Reihe nach: Die ersten antiken Spiele sind belegt für 776 vor Christus, über mehr als tausend Jahre wurden sie regelmäßig ausgetragen, dann war Schluss: fast zweitausend Jahre lang. Die Spiele wurden vergessen. Nur Legenden rankten sich noch um die Helden und Heroen aus alter Zeit, Legenden die zum Mythos wurden.

Dann kam ein Mann, der dem Mythos neues Leben einhauchte. Sein Name: Ernst Curtius, Altertumsforscher aus Lübeck. Der Mann war fasziniert von Olympia, dem Heiligen Hort von Göttervater Zeus. Doch Olympia war versunken; Unkraut wuchs und Ziegen weideten wo einstmals Tempel standen und Läufer ihre Runden drehten.

Curtius bereiste Griechenland und grub Olympia wieder aus: 1881 war er fertig. Und erst danach begeisterte sich der Franzose Pierre de Coubertin so sehr für Ort und Sport, dass er Anno 1896 die Olympischen Spiele der Neuzeit ins Leben rief.

Doch ohne den Lübecker Archäologen Curtius wäre Coubertin vermutlich nie derart entflammt für die Idee und wäre bis heute die Olympische Fackel nicht wieder entzündet worden.

Welche olympischen Disziplinen wurden abgeschafft?

Die Geschichte der Spiele hat ja einige wirklich randständige körperliche Betätigungsarten vorzuweisen, deren Unterhaltungswert allerdings erheblich ist.

So gab es 1896 in Athen ein fesches Matrosenschwimmen. Die blauen Jungs traten über hundert Meter Freistil munter gegeneinander an. Jedoch nicht alle Matrosen, genaugenommen nur eine Nation: die Griechen. Denn teilnahmeberechtigt waren lediglich Mitglieder der griechischen Marine. Es gewann ein gewisser Ioannes Malokinis.

Eigentlich eine pfiffige Idee: Jedes Land darf in irgendeiner Disziplin ganz alleine gegen sich selbst antreten und dabei mit Glück auch gewinnen.

Für Deutschland schlagen wir fürs nächste Mal vor das Bierfassrollen, für Finnland den Handyweitwurf und für Frankreich Baguettewettbacken. Die Schweiz derweil darf Steine werfen – das durften 1906 in Athen tatsächlich alle Athleten: Nicht nur Bälle, Speere oder Hämmer wurden geschmissen, sondern auch Steine.
Leider ebenfalls nicht mehr auf der aktuellen Olympia-Liste ist ein attraktiver Geschicklichkeitssport, der 1904 einmal dabei sein durfte: Sackhüpfen.
Selbiges Schicksal teilt das Hundeschlittenrennen, das war nur 1932 olympische Disziplin und dann nie wieder. Schade eigentlich.

9.

Musik

Was steckt hinter dem Jodeln?

Ganz klar: dahinter steckt eine ganz großartige schweizerische Kulturleistung. Dieses Volk hat das Jodeln perfektioniert. Üblicherweise in den bekannten Silben-Folgen *Hodaro, Iohodraho* und *Holadahittijo* sowie *Holleri du dödl di* und *Dö dudl dö* – letzteres wäre laut Lotiotschem Jodeldiplom zweites Futur bei Sonnenaufgang.

Dabei wurde Jodeln tatsächlich nicht von miesepetrigen Almbauern erfunden, um friedliche Fischland-Tiroler in die Flucht zu schlagen mit Musik, deren Klang angesiedelt ist irgendwo zwischen Stechmücke, Staubsauger und Zahnarztbohrer.

Nein, das Jodeln ist erdacht worden überall in den Bergen der Welt schon in prähistorischer Zeit, um kleine Klönschnacks abzuhalten, über -zig Kilometer hinweg. Köhler, Förster, Hirten: Sie alle pflegten den Singsang, um sich wichtige Neuigkeiten über Wetter, kalbende Kühe und aktuelle Sexskandale in der Bergwelt zuzujodeln.
Auch die alten Polen, Lappen und Schweden kannten jodelige Verständigungs-Formen, beispielsweise um Weidevieh zusammenzurufen oder um Wölfe und Bären zu erschrecken.

Im Lauf der Jahrhunderte und mit freundlicher Unterstützung des Musikantenstadls ist daraus die Jodel-Musik geworden. ... Nur dass man damit nicht mehr nur Bären und Wölfe in die Flucht schlagen kann.

Wie können wir durch Musik schneller betrunken werden?

Ganz einfach: Man nehme ein Lied seiner Wahl, reiche selbiges Lied seinem Lieblingskneipenwirt und bestehe darauf, dass besagter Wirt besagtes Lied bis zum Anschlag aufdreht, voilà: Die akustische Volldröhnung hilft, die Zeitspanne bis zur alkoholischen Volldröhnung enorm zu verkürzen.

Ein französischer Psychologe hat herausgefunden: Je lauter die Musik durch eine Kneipe dröhnt, desto schneller besaufen sich die Kneipengäste.

Bei leiser Musik braucht ein durchschnittlicher männlicher Biertrinker etwa eine viertel Stunde für sein Hopfengesöff; bei lauter Musik besiegt er den Humpen schon in zwölf Minuten.

Grund Nummer Eins: Je lauter die Musik, desto schwieriger wird das Schnacken mit andern Gästen. Statt nun durch sinnarmen Smalltalk die Stimmbänder zu überdehnen, spülen wir lieber die Speiseröhre mit neuem Bier.

Grund Nummer zwei: Laute Musik versetzt den Körper in einen höheren Erregungszustand, und der verführt ebenfalls zum Schnellsaufen.

Übrigens den wenigsten Umsatz machen Wirte bei leiser langsamer Musik; den meisten bei lauter schneller Mucke. Inwieweit so richtig schlechte Musik das Trinken wieder bremsen und Gäste zur Flucht animieren könnte, das allerdings muss noch untersucht werden.

Wie hängen Musikgeschmack und Charakter zusammen?

Schottische Forscher haben die Verbindung zwischen Persönlichkeit und Klangvorlieben entdeckt. Die Wissenschaftler befragten 36.000 Menschen und erhielten ein durchaus überraschendes Ergebnis:

Heavy-Metal-Fans sind, obwohl sie sich zudröhnen mit akustischem Schwermetall, in der Regel eher sanftmütig; sie sind meist kreativ, fühlen sich wohl in ihrer Haut und sind von sich selbst einigermaßen überzeugt. Fremden, unbekannten Einflüssen stehen sie dabei nicht besonders aufgeschlossen gegenüber.

Ähnliches gilt interessanterweise für Klassikfreunde. Metal-Freaks und Mozart-Fans sind also wesensverwandt, und auch Jazzhörer gehören in diese Kategorie. Dagegen fehlt es Punk-Musik-Liebhabern meist sowohl an Sanftmut als auch an Selbstbewusstsein und Kreativität.

Derweil gehören Rapper zu den extrem aufgeschlossenen Zeitgenossen.

Und Firmenchefs, die erfahren, dass ihr neuer Mitarbeiter auf Country abfährt, sollten sich entspannt zurücklehnen und dem Mitarbeiter eine extra Lohnerhöhung zukommen lassen, denn Country-Hörer zählen zu den fleißigen Zeitgenossen. Dagegen gelten Popliebhaber und Funkmusikfans als vergleichsweise faul.

Also: *Sag mir, was du hörst, und ich sage dir, was für ein Mensch du bist*. Dieser durchaus gewagte Satz darf dank schottischer Forscher ab jetzt als wahr betrachtet werden.

Seit wann gibt es die CD?

Schon in den 1970ern haben Techniktüftler großer Musik- und Elektronik-Konzerne erste digitale Tonaufnahmen gemacht.

Legendär: Eine Orchester-Probe mit Herbert von Karajan wurde 1978 heimlich digital von Sony mitgeschnitten. Der Dirigent durfte später die Aufnahmen beurteilen. Er soll ein beträchtliches Maß an Zufriedenheit gezeigt und zugleich darauf gedrungen haben, dass die neuen Tonträger einen 12-Zentimeter-Durchmesser bekommen. Grund: Das entspricht einer Musik-Kapazität von 75 Minuten – exakt die Länge, die Beethovens Neunte Sinfonie hat. Karajan wollte, dass dieses Werk ohne Scheibenwechsel zu hören ist. Damit hat Beethoven den Digital-Standard mit festgelegt. Ob die Legende tatsächlich stimmt, ist nicht ganz sicher.

Klar dagegen ist, dass die 15-Millimeter-CD-Mittelloch-Größe ganz zufällig entstand. Ein Philips-Mitarbeiter hatte eine holländische Zehn-Cent-Münze, das damals kleinste Geldstück der Welt, in der Tasche, und das diente ihm eben als Maßstab beim Lochgröße-Festlegen, es waren genau 15 Millimeter.

Und dann kam der große Moment. Auf der Funkausstellung in Berlin 1981 wurde die CD der Weltöffentlichkeit vorgestellt. Ein Jahr später begann die Industrie-Produktion: am 17. August 1982 bei Polygram in Hannover. Die ersten CDs der Welt waren: Walzer von Chopin und *the Visitors*, das letzte Album von Abba.

Seit wann gibt es Heavy Metal?

Ganz ehrlich? Heavy Metal gibt es seit Jahrhunderten, als Begriff in Metallindustrie und Chemie.

In der Musik dagegen dürfen sich als erste Schwermetaller die Ikonen der 70er und 80er fühlen: Saxon, Judas Priest und Iron Maiden. Sie haben den Metal-Klang geprägt als Erben des Hard Rock. Die Metaller waren nur noch schneller, härter, verzerrter und aggressiver drauf als ihre musikalischen Rocker-Ahnen.

Doch diese Ahnen hatten schon seit Ende der 60er den Weg bereitet und den Stil entwickelt. Maßgeblich beteiligt waren Bands wie Led Zeppelin, Black Sabbath und vor allem Deep Purple.

Und in dieser Zeit taucht Heavy Metal auch zum ersten Mal in der Musik wortwörtlich auf: 1968 in *Born to Be Wild*. Da heißt es:

I like smoke and lightning / Heavy metal thunder / Racin' with the wind / And the feelin' that I'm under – Harte Gitarren zum Sound von schweren Motorrädern … ein Gefühl erwacht von wilder Freiheit und ungebundenem Leben … das ist das Bild, das beim Geräusch des Heavy Metal thunder entsteht. Es ist der erste Hit von Steppenwolf.

Den Erfolg verdankt es einem Film: 1969 *Easy Rider*: *Born to Be Wild* begleitete die Harley-Fahrer auf ihrem Weg über die Colorado-Brücke und die legendäre Route 66. Film und Musik wurden Kult, und *Born to Be Wild* ist bis heute die Welthymne der Biker.

Was ist ein Schwanengesang?

Es ist das letzte Werk eines Künstlers.

Der Name reicht zurück in mystische Zeit. Die alten Griechen glaubten, dass ein jeder Schwan kurz vor seinem Tod noch einmal singt: Traurig, melancholisch, doch mit göttergleicher Stimme schenkt er der Welt ein letztes Lied.

Im Mythos wandelt Kyknos am Ufer des Flusses Eridanus durch einen Pappelhain und betrauert seinen toten Freund. Da haben die Götter Mitleid mit ihm, verwandeln ihn in einen Schwan aus Sternen und setzen ihn für die Ewigkeit ans Firmament. Doch bevor Kyknos aus Trauer um den Freund stirbt und zum Sternenschwan wird, singt er sein letztes Lied, sein Schwanenlied: an schwermütiger Schönheit unübertreffbar.

Viele Musiker haben ihre eigenen Schwanenstücke hinterlassen:

Schubert und Schütz, Simon & Garfunkel: Das amerikanische Folk-Rock-Duo schrieb in den 60ern Musikgeschichte und trennte sich auf dem Karriere-Höhepunkt. Im Jahre 1970 erschien die letzte Single samt gleichnamigem Album: *Bridge over troubled water*. Simon & Garfunkel erhielten für das Werk sechs Grammys unter anderem in den Kategorien bester Song und bestes Album des Jahres.

Bridge over troubled water: der Schwanengesang von Simon & Garfunkel.

Welche Verschwörungstheorie rankt sich um die Beatles?

Es ist der Paul-is-dead-Mythos.
Stand bei den Fab-Four wirklich Paul McCartney am Bass oder ist es ein Doppelgänger?

Ende der 60er entstand diese Geschichte: Die Beatles haben Paul ersetzt. Der echte McCartney war bei einem Autounfall gestorben, doch auf Drängen der Plattenfirma vertuschten die Rest-Beatles den Tod. Sie bauten aber Hinweise ein, in ihren Songs und auf den Plattenhüllen. Beispiele:
Auf *Yesterday and today* steht Paul in einem Schrankkoffer. Dreht man das Bild um 90 Grad, sieht es aus, als läge er in einem Sarg. Auf *Yellow Submarine* und anderen Covern erscheinen immer wieder offene segnende Hände über Paul – Symbol des Todes? Auf *Abbey Road* gehen die Jungs über einen Zebrastreifen. McCartney ist der einzige, der nicht im Gleichschritt und der barfuß geht – in England werden Menschen barfuß beerdigt. Und er hält eine Zigarette in der rechten Hand, dabei ist Paul Linkshänder.
Original oder Fälschung? Wer ist der Mann, der seit Jahrzehnten Paul ist? Haben wir es hier mit der größten Vertuschungsaktion der modernen Musikgeschichte zu tun? Verschwörungstheoretiker glauben an die trauertragische Grusel-Mär.
Doch die Wahrheit ist: Die Paul-ist-tot-Theorie geht zurück auf einen Scherzartikel in der Studentenzeitung der Universität von Michigan 1969. Sagt man.

Welches sind die erfolgreichsten Titel des 20. Jahrhunderts?

Spitzenreiter sind ein Weihnachts- und ein Abschiedslied.

Der meistgecoverte und meistverkaufte Song aller Zeiten ist ein Musikstück von Irving Berlin, 1942 für den Film Holyday Inn geschrieben. Der Titel: *White Christmas*. Die Originalaufnahme sang Bing Crosby und verkaufte sich 35 Millionen Mal. Bis heute ging das Weihnachtslied 125 Millionen Mal auf diversen Samplern über die Ladentische und wurde 500 Mal von anderen Sängern und Bands neu aufgenommen.

Und die mit 45 Millionen Exemplaren meistverkaufte Einzelsingle aller Zeiten?
Eine weiße Rose schmückt ihr königsblaues Cover:
Candle in the wind von Sir Elton John. Es ist das Remake eines Titels, den Elton John schon 1973 herausgebracht hatte in Erinnerung an Marilyn Monroe.

Die Neuaufnahme 1997 widmete er Prinzessin Diana, mit leicht veränderter Anfangs-Zeile: Aus *Goodbye Norma Jean*, dem wahren Namen der Monroe, wurde *Goodbye Englands Rose*. Elton John spendete den Erlös der Platte wohltätigen Zwecken. Er hat das Lied nur ein einziges Mal öffentlich vorgetragen, auf der Beerdigung von Lady Di in Westminster Abbey. Bei Konzerten singt er stets das Original von 1973.

Was ist Bubblegum-Musik?

Sie ist unerreichter Höhepunkt, wenn es um die Frage geht: Können wir es noch ein bisschen einfacher haben und anspruchsloser? Und die Bubblegum-Musiker sagen: Noch einfacher kann man Musik gar nicht stricken.

Die Kaugummimusik kam Ende der 60er in Amerika auf. Pfiffige Produzenten schnitzten Stücke mit sehr einfachen Melodien, äußerst simplen Akkorden und Texten, die an Gaga-Gehalt bis dahin unerreicht waren.

Heute unvergessen: Ohio Express mit *yummy yummy yummy*, Middle of the Road mit *chirpy chirpy cheep cheep* und die Archies mit *sugar sugar*.

Die Titel versprechen, was die Musik hält: Wie durch Kaugummi werden die Ohren mit süßlichen Arrangements zugekleistert. Die Titel arbeiten zum Teil mit Kinderlied-Reimen und haben Teenager und Kinder im Blick, meist Mädchen im Barbypuppen- und Pferde-toll-find-Alter. Die Lieder sind mit derart einprägsamen lala-schu-bidu-bi-du-bi-dip-dua-la-schwupp-dibums-Melodien und Texten ausgestattet, dass der geneigte Plattenkäufer schon während des ersten Hörens den Titel komplett auswendig lernen kann.

Die künstlerische Qualität liegt meist auf einer Ebene mit Evergreens wie *Es tanzt ein Biba-Butzemann in unserm Kreis herum fidibum*. Und außerdem sind alle Kaugummi-Titel extrem tanzbar. Insofern ist es kein Wunder, dass viele Bubblegum-Hits bis heute unverzichtbarer Bestandteil für jede Gute-Laune-Party sind.

Wer hat das Musikvideo erfunden?

Als historische Vorbilder gelten die Musik- und Musical-, manchmal auch Grusical-Filme mit Fred Astaire und Ginger Rogers, Peter Alexander und Heintje. Diese Protagonisten haben sich durch sehr lange und zuweilen sehr entbehrliche Filmminuten hindurchgetanzt, -gesungen und -geträllert.
Doch der Video-Clip im engeren Sinn ist auch schon ganz schön alt und wurde teils parallel zu den Schlagerschmonzetten-Schunkelschmuse-Schmalzstreifen produziert.

Und mal wieder waren die Beatles auch hier Vorreiter. Ihre 1967er Promotionsfilme zu *Strawberry Fields* und *Penny Lane* werden von vielen als die ersten echten Videoclips angesehen. Das waren inszenierte Kurzfilme, die gezeigt wurden, um den eigentlichen Plattenverkauf anzuheizen. Und genau das sind die Clips im Grunde bis heute geblieben, denn in der Regel kann man sie nicht kaufen, sie sollen lediglich das Kaufinteresse für den präsentierten Song wecken.

Die eigentliche Hochzeit des Video-Clips begann dann Ende der 70er, und mit dem Start von MTV im Jahre 1981 wurde der Clip geradezu ein Muss für jeden internationalen Superstar, denn wer in Amerika und später weltweit an die Hitparaden-Spitze stürmen wollte, musste ab sofort auch im Musikfernsehen präsent sein.

10.
Länder
&
Straßen

Was macht den Vatikan zu einem der skurrilsten Länder?

Es lassen sich vielerlei Gründe anführen: Gegründet im Jahre des Herrn 754, ist der Vatikan nicht nur das kleinste, sondern auch eines ältesten bis heute durchgehend existierenden Länder.

Der Vatikan verfügt auch über die älteste Bevölkerung der Welt; Durchschnittsalter: 58 Jahre.

Eine unglaubliche Mehrheit von weit über 90 Prozent der Einwohner gibt als Konfessionszugehörigkeit *Katholisch* an.

Und die Staatsbürgerschaft wird immer nur auf Zeit verliehen. Wer seinen Job erledigt hat, tritt entweder vor seinen Schöpfer oder die Rückreise ins Geburtsland an.

A propos Geburt: Im Vatikan arbeiten zwar jede Menge Priester, Köche, Restauratoren, Drucker, Banker und Putzfrauen, aber keine Hebammen. Die Geburtenrate ist die niedrigste der Welt. Sie tendiert gegen Null.

Wo ist es nachweislich am einsamsten auf der Welt?

Manch einer wird sagen: Die Griese Gegend in Mecklenburg und das niedersächsische Emsland sind schon recht dünn besiedelt, denn der nächste Nachbar wohnt unter Umständen etwa eine Tankfüllung weit weg. Wer Party machen will, lässt seine Gäste am besten einfliegen. Und die fernmündliche Verständigung läuft am pfiffigsten über Rauchzeichen vom nächsten Storchennest aus.

Doch im Weltmaßstab einsam ist was ganz anderes. Stellen Sie sich einmal vor: Sie wohnen in Paris, und der unmittelbare Garten- und Grundstücksnachbar residiert in Moskau. *Das* ungefähr wäre einigermaßen einsam. Und genau so einsam fühlen sich die knapp dreihundert Untertanen Ihrer britischen Majestät auf der Insel Tristan da Cunha.

Das Eiland gilt als nachweislich entlegendster von Menschen bewohnter Fleck weltweit. Das nächste Festland ist das Kap der guten Hoffnung in Südafrika. Es ist rund 2.800 Kilometer weit weg. Der direkte Nachbar, die Insel St. Helena, ist schon dichter dran. Sie liegt *nur* 2.100 Kilometer entfernt.

Mal ehrlich: Dagegen sind Griese Gegend und Emsland doch bis zur Schmerzgrenze überbevölkert.

Was macht Calkidiki zur letzten echten Männerbastion der Welt?

Es ist das herrlichste, männerfreundlichste Stück Welt, und wir finden es in Griechenland. Dort beherbergt die Halbinsel Calkidiki den absoluten Hort der Männlichkeit: Es ist die Autonome Mönchsrepublik Athos. Hier leben gut anderthalbtausend Mönche in zwanzig Großklöstern.

Das gesamte Areal ist anerkanntes Unesco-Weltkulturerbe und außerdem für jede Frau Tabu. Das entsprechende, mehr als tausend Jahre alte Gesetz, das Avaton, untersagt so *ziemlich* jedem weiblichen Wesen, seine Füße, Hufe oder Krallen auch nur in die Nähe des Heiligen Berges Athos zu bewegen.

Mit anderen Worten: Auch weiblichen Tieren ist das Betreten der Mönchsrepublik untersagt – soweit sich das im jeweiligen Falle eindeutig nachweisen lässt.
Einzige Ausnahmen: Hühner und Katzen.
Die Ausnahmegründe sind klar: Frische Eidotter benötigen die Mönche zum Arbeiten, für ihre berühmte Ikonenmalerei. Und weibliche Katzen haben die verdienstvolle Aufgabe, die Mönchsrepublik von Ratten, Mäusen und Schlangen zu säubern.
Menschliche Besucher sind übrigens herzlich Willkommen, solange sie sich Pilger nennen und erkennbar männlichen Geschlechtes sind.
Die Europäische Union duldet diesen Sonderstatus. Athos: die letzte, schöne, heile, echte Männerdomäne der Welt.

Welches Land gibt es am häufigsten auf der Welt?

Gemeinhin gilt die Regel: Ein Land richtet sich genau *einmal* häuslich auf der Erde ein, und das genügt dann auch, denn was sollten wir mit einem zweiten Spanien in Sibirien oder was gewönnen wir, benennte sich Grönland in Griechenland Zwei um?

Natürlich existieren ein paar geteilte Länder wie Korea und Zypern, doch nur ein einziges Land ist flächendeckend über die ganze Welt verteilt: 191 Regionen nennen sich *Schweiz*. Natürlich sind das in der Regel keine souveränen Staaten, sondern lediglich abhängige Regionen.

Die Schweizerisierung der Welt begann in der Zeit der Romantik, als jede Ecke der Erde, deren Berge mindestens doppelt so hoch wie handelsübliche Maulwurfshaufen waren, ihre Schweiz kreierte.

Da haben wir zum Beispiel die Sanddünen von Colorado, das *Switzerland of America*. Die Ähnlichkeit mit Schweizer Alpen ist eine eher eingebildete und nur sehr entfernte.

Dagegen hat die indische Schweiz im Staate Himachal Pradesh tatsächlich richtige Berge zu bieten. Und wie im Original kommt der Kuh eine gewisse Bedeutung zu.

Und in Lesotho finden wir die Afrikanische Schweiz – warum, ist gänzlich unklar, denn hier gibt es weder schneebedeckte Almen noch Kühe oder jodelnde Kuhhirten.

Und dann existiert die Schweiz in Deutschland wunderbare 67 Mal. Im Norden fallen positiv auf: die Clenzer, Dammer und Dithmarscher, Elder, Garbsener und Gifhorner, Horster, Niedergrafschafter und Rostocker, Stormansche, Holsteinische und Mecklenburgische Schweiz. Nur die österreichische Schweiz, die fehlt. Zum Glück.

Welches Land wird immer größer dank Vogelmist?

Es sind die Vereinigten Staaten von Amerika.

Sie verdanken den Exkrementen bestimmter Federviesharten den zusätzlichen Besitz von weit über fünfzig Inseln, und das kam so:

Als zu Beginn des 19. Jahrhunderts die Landwirtschaft in immer größerem Stil immer mehr Lebensmittel produzierte, stieg auch der Bedarf an Dünger sprunghaft. Die beste aller Pflanzen-Wachstumshilfen war dabei Guano, die Hinterlassenschaft von Pinguinen und Kormoranen.

Doch diese Vögel leben nicht in New York, sondern meist auf menschenleeren Inseln in den unerforschten Weiten menschenleerer Ozeane. Also beschloss der amerikanische Kongress Anno 1856 eine Art Kolonisierungs-Gesetz. Dieser sogenannte *Guano Islands Act* verfügt, dass wenn ein Amerikaner eine Insel entdeckt, auf der Vogelmist herumliegt, aus dieser Insel automatisch amerikanisches Staatsgebiet wird – vorausgesetzt, die Insel gehört bis dahin keinem anderen Land, und der Vogelmistentdecker erobert das exkrementereiche Eiland friedlich.

Auf diese Weise sind das Johnston-Atoll, Howland- und Baker-Island sowie die Midway-Inseln amerikanisches Staatsgebiet geworden. Die USA haben auf diesen Inseln dann sehr lange sehr viel Mist abgebaut und ins Mutterland verschifft, zur großen Freude expandierender, Dünger suchender Bauern.

Der *Guano Island Act* ist gültiges Recht bis heute.

Warum lebten die Schweizer einst in zwei Zeitzonen?

An der Größe des Landes hat es natürlich nicht gelegen, sondern an der Sturheit einiger Bergbauern, und das kam so:

Wir schreiben das Jahr 1942. Ganz Europa wird von der Sommerzeit beherrscht. Ganz Europa? Nein. Ein von unbeugsamen Schweizern bevölkertes Dorf hört nicht auf, der eindringenden Sommerzeit Widerstand zu leisten. Das Leben ist nicht leicht für die europäischen Zeitdiebe, die als Besatzung die restliche Schweiz schon voll im Griff haben. Denn Geltwil wehrt sich.

Die Zweihundert-Seelen-Gemeinde am Lindenberg im Kanton Aargau mag ihre Uhren nicht verstellen, mag nicht im Winter nur noch auf korrekt laufende Chronometer blicken müssen, mag sich zur warmen Jahreszeit keine Stunde stehlen lassen. Während sich die Restschweiz also dem Druck der sie umgebenden Achsenmächte beugt und die Zeiträuber herrschen lässt, sagt Geltwil: Nein. Einstimmig weigert sich das Dorf, mitzumachen. Und so existiert neben der Schweizer Zeit eine gute Weile auch die ganz spezielle Geltwiler Zeit.

Später kehrt Ruhe ein, weil es über Jahrzehnte hinweg allgemein keine Sommerzeit mehr gibt. Und bei der zweiten Einführung 1981 leistet auch Geltwil keinen Ungehorsam mehr.

Welches ist der teuerste Acker Deutschlands?

Ganz klar: Es ist der *Bernkasteler Doctor* in Bernkastel-Kues, Rheinland-Pfalz.

Dieses gerade dreieinviertel Hektar große Ackerland erhebt sich malerisch über der Mittelmosel und gilt als der Ferrari unter den deutschen Ackerflächen.

Das lehmig-steinige Fleckchen Erde ist so wertvoll, dass sich vier Weingüter und eine Stiftung die Bewirtschaftung teilen und bestens davon leben können.

Das Geheimnis: Der *Bernkasteler Doctor* ist ein Weinberg in allerbester Steilhang-Lage; Höhenunterschied: 75 Meter vom Fuße bis zur Spitze. Nach Süd-Südwest gelegen, werden hier kräftig-würzige Riesling-Prädikatsweine produziert. Für einen einzigen Rebstock werden bis zu sieben Euro Pacht fällig. Anders ausgedrückt: der Pachtzins liegt bei weit über 50.000 Euro pro Hektar und Jahr.

Für einen wirklich geringen Bruchteil der Summe können andernorts in Deutschland ganze Ländereien nicht gepachtet, sondern gekauft werden. Doch das ist nicht weiter tragisch, denn der Wein, der auf dem *Doctor* wächst, hilft, die Unkosten zu tragen. Eine erhebliche zweistellige Summe pro Liter für den *Doctor-Riesling* sollte der Endverbraucher schon anlegen wollen als Probierinvestition; mehr geht natürlich auch. Viel mehr ebenfalls.

Wo gibt es die meisten Brücken der Welt?

Bleiben wir zunächst im guten alten Europa.
Da drängt sich geradezu Venedig auf, la dolce Vita, Mekka der Brücken, Gondeln und Kanäle. Mit dem Canal Grande umspülen 175 Wasserstraßen Venedigs Fundamente. Doch die Stadt im Meer, Venezia, die Stadt, auf hundert Inseln erbaut, hat an Brückenwerken eher magere Beute zu bieten: rund 440, mehr sind es nicht.

Da haben wir Nordeuropäer mehr ins Wasser sowie auf Pfähle und Pfeiler gebaut. Die Grachtenstadt Amsterdam bringt es auf 1.300 Brücken und Hamburg gar auf zweieinhalbtausend Wasserübergänge. Damit ist klar: Zwischen Elbe, Bille und Alster spannen sich tatsächlich die meisten Brücken Europas und der Welt.
Selbst Megametropolen wie New York, Rio, Tokio, Hongkong und Bangkok erblassen aus Neid vor dem hanseatischen Brückenreichtum. Keiner bietet mehr.

Wir kehren also immer wieder ins gute, alte Europa zurück – nach Hamburg mit den meisten und dann doch wieder nach Venedig mit den schönsten Brücken der Welt.

Was ist das Ungewöhnliche an der Via Modesta Valenti in Rom?

Ganz einfach: Tausend Menschen sind dort polizeilich gemeldet – aber es gibt die Straße überhaupt nicht.

Die römischen Behörden haben sich die *Via Modesta Valenti* einfach ausgedacht. Grund: In Italien muss jeder, der Sozialleistungen beantragt, einen festen Wohnsitz haben. Damit auch Obdachlose die ihnen zustehenden Leistungen beantragen können, erfanden die Behörden besagte Straße.

Wer keine Wohnung hat, der schreibt jetzt *Via Modesta Valenti* ins behördliche Formular, und erst dann darf der Amtsschimmel wiehern und gnädig Leistungen gewähren.

Benannt wurde die Straße nach der Stadtstreicherin *Modesta Valenti*. Die Frau hatte einst ein tragisches Ende gefunden. Passanten riefen den Rettungsdienst, weil es der Valenti offensichtlich schlecht ging. Der Rettungsdienst kam natürlich auch, doch die Ärzte taten nichts, denn die 70jährige war ihnen zu dreckig. Vier Stunden später starb die Frau.

Mit der virtuellen Straße an sie zu erinnern, ist sicher eine nette Idee – nur vorsichtig gefragt: Hätte man möglicherweise auch das Gesetz ändern können, das den festen Wohnsitz für Obdachlose vorschreibt? Vermutlich nicht, der Verwaltungsaufwand wäre wohl doch zu hoch gewesen. Komm Schimmel: Wiehere noch mal.

Welche Eisenbahngesellschaft hat keine Züge?

Es ist die Vatikanische Staatsbahn.

Dieses interessante Unternehmen verfügt darüber hinaus über kein eigenes Bahnpersonal und besitzt genau einen Bahnhof. Dieser Ort liegt malerisch eingebettet in den Vatikanischen Gärten und wird im Wesentlichen geprägt durch ein herrlich herrschaftliches Empfangs-Gebäude: Im Neoklassizismusstil der 30er Jahre errichtet, mit vielen Säulen, Stuck und grünem Marmor ausstaffiert, wirkt es gelegentlich ein bisschen protzig, wie es so neben dem einzigen Bahnsteig des Bahnhofs den Betrachter beeindruckt. Das Gebäude steht leider meist leer, denn Personenzüge fahren selten. Dabei werden Züge und Personal von der italienischen Bahn gestellt, und wenn mal für eine Papstreise ein Sonderzug gebraucht wird, wird auch der von den Italienern geliehen.

Meist wird der Bahnhof jedoch für ankommenden Güterverkehr genutzt. Problem dabei ursprünglich: Waggongs benötigen einen gewissen Platz auch zum Rangieren, der war aber nicht da, weil ein Marmorberg dem Schienenstrang ein natürliches Ende setzte. Also wurde kurzerhand ein Rangiertunnel in den Marmorfelsen hineingegraben.

Inklusive Marmortunnel verfügt die Staatsbahn heute über vierhundert Meter Gleisweg: das kürzeste Schienennetz der Welt.

11.
Genussmittel

Warum machen Eierkenner um frische Eier weite Bögen?

Nun, je frischer so ein Hühnerhintern-Legeprodukt ist, desto wahnsinniger wird der Endverbraucher beim Versuch, das Ei-Innere freizulegen.

Bei frischen Eiern pellt man sich nämlich zu Tode. Das hängt mit dem ph-Wert des Eiweißes zusammen. Je frischer das Ei, desto niedriger der ph-Wert, und desto fester klebt das Zeug an der Schale.

Erst nach etwa drei Tagen ist das Ei einigermaßen pellbar, und es verdient auch dann noch das Prädikat *frisch*.

Mit anderen Worten: Die schöne, romantische Nahrungsmittelgeschichte vom Bauern, der morgens seine superfrischen Frühstückseier aus dem Stalle holt, um sie sogleich zu verspeisen, ist ein Märchen. Es ist nämlich kein Bauer so bekloppt, dass er gern die gefühlte Hälfte seiner Huhnprodukte an der Schale klebend wegschmeißen möchte.

Wie unterscheiden wir Obst und Gemüse?

Zunächst einmal muss man sagen: Wir essen vieles, und das meiste unter falschem Namen.

Wer Gurken und Tomaten speist, isst in Wahrheit Beeren. Wer hingegen Erdbeeren mampft, verdrückt eine Nüsschenfrucht. Die Erdnuss hinwiederum ist verwandt mit Bohnen und Schoten, denn sie stammt aus dem Familienclan derer von Hülsenfrucht. Anders als die Gartenbohne ist die Kaffeebohne allerdings eine Steinfrucht wie auch die Pflaume. Hier wird der Verwirrung am besten Herr, wer botanische Studien mit mindestens doppeltem Doktortitel absolviert.

Etwas einfacher sind die grundsätzlichen Unterschiede zwischen Obst und Gemüse.

Wenn eine Pflanze Essbares an allen möglichen Pflanzenkörperstellen bietet wie Knollen, Blättern, Blüten und nach spätestens zwei Jahren das Zeitliche segnet, dann ist sie, die Pflanze, Gemüse.

Wenn die Frucht dagegen nur aus Blüten sprießt und das auch noch nach drei, fünf oder zwanzig Jahren – dann wird die Frucht produzierende Pflanze dem Obst zugerechnet.

Ganz einfach, genau genommen. Guten Appetit.

Bekommen wir vom Biertrinken wirklich den Bierbauch?

Klare Ansage: Nein.

Das gebeutelte Hopfengebräu selbst macht nicht dick. Wer sich Cola, Wein und selbst den gepriesen-gesunden Orangensaft hinter die durstige Binde kippt, führt seiner Plauze deutlich mehr Energie zu. Außerdem hat ein ganzer Liter blonder Hopfenstrudel weniger Brennwert als eine Tafel Schokolade.

Woher also die angebliche Bier-Wampe?

Nun, der Hopfen im Bier wirkt ganz einfach appetitanregend. Deshalb essen Biertrinker vermutlich mehr und entwickeln auf diese Weise malerische Schmerbäuche. Darüber hinaus geht das Biertrinkertum einher mit häufig eingeschränkter Bewegung; das einzige, was wirklich trainiert wird, sind die Schluck-Muskeln.

Also: Die Bierbauch-Erweiterung der männlichen Taille ist das Ergebnis aus zu viel Essen und zu wenig Bewegen vor, während und nach dem eigentlichen Biergenuss.

Deshalb ist das Wort *Bierbauch* falsch. Die Bayern sind viel näher an der Wahrheit dran: Sie nennen unsern Bierbauch liebevoll *Haxenwampe* und *Knödel-Friedhof*.

Welche Lebensmittel sind beinah ewig haltbar?

Von der Milch wissen wir, dass sie nach wenigen Frischetagen in den immer noch schmackhaften Aggregatzustand der Dickmilch übergehen kann, um danach das Stadium *Ungenießbar* anzustreben.

Eingeweckte, eingedoste und eingefrorene Nahrungsmittel halten deutlich länger – aber von *ewig* sind auch sie erkennbar weit weg.
Doch es gibt diese Leckerli, die Generationen überdauern können, wenn man sie lässt. So wird natürlich Salz nie schlecht, auch Zucker kann unbegrenzt aufbewahrt werden.

Und dann wird immer wieder kolportiert, dass Honig, gefunden in viertausend Jahre alten Pharaonengräbern, noch immer munden soll. Fakt ist: Honig ist eine konzentrierte Zuckerlösung. Die allermeisten Bakterien, Pilze und Mikroben, die andere Nahrung verderben, machen einen Bogen um den Honig wie um den Zucker selbst.

Aber warum steht auf Honig trotzdem ein Haltbarkeitsdatum? Weil's die EU so vorschreibt. Auf fast jedem Lebensmittel muss so etwas draufstehen. Der Grund beim Honig: Er ändert im Laufe der Zeit seine Konsistenz. Das Datum kann der Honigesser allerdings getrost ignorieren, denn Honig wird hart, aber nicht schlecht.

Warum sollten Traditionalisten auf Gabeln verzichten?

Klare Antwort: Wer anstatt mit der Gabel lieber mit den Händen isst, ist einfach näher dran an den ehrenwerten Wertvorstellungen unserer Altvorderen.

Die Kuchen-, Menü- und Tafel-Gabel ist eine neumodische Erfindung, die beispielsweise Martin Luther noch schlimm erschaudern ließ: *Gott behüte mich vor Gabeln*, so sprach er Anno 1518.

Abscheu und Entsetzen packten auch Erasmus von Rotterdam, der humanistisch weitsichtig verfügte: *Was gereicht wird, nimmt man mit drei Fingern.*

Die katholische Kirche hatte wenigstens noch nachvollziehbare Gründe für ihre Gabel-Phobie, erinnert das forkenartige Besteckteil doch allzu sehr an des Teufels Dreizack.

Der Rest der gebildeten Menschheit dagegen pöbelte mal wieder munter gegen eine Neuerung, die sie nicht verstand: Gabeln galten als geziert, als weibisch, albern und unsinnig. Denn wozu sind die Finger da, wenn sie zum Essen nicht benutzt werden?

Erst im 17. Jahrhundert erkennt man bei Hofe, dass gezierte, gabelbestückte Nahrungsaufnahme auch ganz cool sein kann und man sich dabei weniger umfangreich einsaut.

Für das einfache Volk wird die Gabel gar erst im 19. Jahrhundert erschwinglich, als die industrielle Massenproduktion einsetzt.

So ist das mit unsern Traditionen: Wirklich *alt* ist zumeist etwas ganz anderes. Guten Appetit.

Wer waren die berüchtigten Kaffeeschnüffler?

Das waren Schergen des kaffeefeindlichen Alten Fritz. Der Preußenkönig verbot, wo er konnte, das Kaffeetrinken. Für Hildesheim etwa verfügte Fritzi 1768, dass Bauern, Handwerksburschen und Bürger keinen Kaffee trinken durften. Außerdem musste jeder seine Kaffeekannen, Tassen und Mühlen verkaufen oder kaputt kloppen.

Derweil zogen die Kaffeeschnüffler durch die Straßen und schnupperten nach heimlich im doppelten Sinne *schwarz* gebrühtem Türkentrunke. Wer erwischt wurde, musste Strafe zahlen.

Doch was veranlasste Fritz zu dem furchtbaren Feldzug gegen die wehrlose Kaffeebohne? Hatte er sich Mozarts Tophit zu sehr zu Herzen genommen: *Trink nicht zu viel Caffee, nichts für Kinder ist der Türkentrank, schwächt die Nerven, macht dich blaß und krank?* Wollte Fritz sein Volk vor nervenschädlichem Tranke schützen? Mitnichten. Er wollte seine angeschlagenen Staatsfinanzen schützen, denn die Röstbohnen mussten importiert werden, die Kohle ging also ins Ausland, und das passte Fritzi gar nicht. So ließ er also seine Kaffeeschnüffler nach verbotenem Röstduft fahnden und förderte auf diese Weise den aus heimischen Rohstoffen gerösteten Kaffee-Ersatz; französisch: *mocca-faux*, falscher Kaffe, woraus der *Muckefuck* wurde.

Wie kommt die Bockwurst zu ihrem Namen?

Während das schmackhafte Schlachterprodukt durch den Magen geht, geistert der mögliche Namensgeber durch den Kopf: ein herrlicher Rehbock auf grüner Au. Doch der Bockliebhaber darf beruhigt sein, und das männliche Reh darf weiter grasen: Der Bock in der Wurst ist eher *das Bock* zur Wurst.

Der Reihe nach: Anno 1889 lebte ein Gastwirt in Berlin; sein Name: Richard Scholtz. Der Mann führte eine Kneipe am heutigen Spreewaldplatz, und er servierte am liebsten Bier. Bockbier. Um die teils dramatische Wirkung des starken Hefehopfen-Gebräus auf Gemüt und Gleichgewichtssinn des Gastes hinauszuzögern und erst nach mehreren Bockbierhumpen eintreten zu lassen, servierte Scholtz eine heiße, fettreiche Beilage zum Flüssignahrungs-Menü: eine Brühwurst im Naturdarm. Und diese Wurst heißt, als Original Bockbier-Begleitnahrung, seit jener Zeit *Bockwurst*.

Gänzlich gesichert und durch umfangreiche wissenschaftliche Wurstforschungsergebnisse untermauert ist diese Geschichte leider noch nicht, aber sie ist einfach zu schön, um sie zu ignorieren.

Welche Genussmittel machen glücklich und gesund?

Es sind Rotwein und Schokolade.

Okay, zuviel Rotwein macht betrunken und zuviel Schokolade möglicherweise dick. Aber in Maßen genossen, sind die beiden wahre Alleskönner.

Schokolade sorgt dafür, dass unser Gehirn Serotonin produziert – das Hormon für Glücksgefühle. Dagegen liefern Traubensaft und Rotwein jede Menge Resveratrol – das ist ein Stoff, der das Risiko von Entzündungen, Krebs und Herzkrankheiten mindert.

Resveratrol gilt in Forscherkreisen geradezu als Wundermittel und Lebenselixier, jedenfalls in Tierversuchen: Würmer und Fliegen leben, wenn sie den Stoff intus haben, bis zu 30 Prozent länger.

Was bis vor kurzem nicht bekannt war: Neben Rotwein bietet auch Schokolade Resveratrol in reicher Menge. Vor allem gemahlener Kakao und Bitterschokolade strotzen nur so vor dem gesundheitsfördernden Stoff.

Mit anderen Worten: Es gibt nichts Besseres als dunkle Schokolade zu Rotwein. Und wenn der Wein fehlt, tut es die Schokolade auch mal allein. Wohl bekomms.

Was ist ein Pharisäer?

Er ist heiß, süß und stark. Der Pharisäer ist ein Mix aus gezuckertem Kaffee, vier Zentilitern Rum und einer hübsch drapierten Sahnehaube. Der Rumanteil wurde 1981 sogar Gegenstand eines Gerichtsverfahrens. Ein sparsam veranlagter Wirt hatte seinen Gästen Pharisäer mit nur zwei Zentilitern kredenzt - viel zuwenig, befand der Richter: vier Zentiliter müssen es für einen echten Pharisäer schon sein.

Die Getränkelegende-Entstehungsgeschichte geht ungefähr so: Entwickelt, entworfen und erfunden wurde der Pharisäer auf der Frieseninsel Nordstrand. Dort wohnte einstmals Pastor Bleyer. Der Mann war Flüssignahrungs-Freuden so abhold, dass er auch seinen Schäfchen das Saufen konsequent verbot. Jedoch die Schafe waren listenreich. Zu jeder Taufe gab es Kaffee. Der Pastor bekam den seinen pur, aber der Rest der Taufgemeinde füllte den Türkentrunk mit reichlich Rum auf. Dazu gab es noch eine schicke Sahnehaube, fertig war das heiße Überlistungs-Gesöffchen.

Doch Bleyer war nicht gänzlich doof, er merkte bald, dass die Gemeinde weit lustiger die Taufen feierte, als es dem fröhlichen Anlass angemessen schien. So schnüffelte Bleyer an den Gemeinde-Tassen, bemerkte den Rumbetrug und rief in erbostem Zorne aus: *Oh ihr Pharisäer!* Das war Anno 1872, und seitdem trägt das Nationalgetränk der Friesen voll Stolz den attraktiven Namen *Pharisäer.*

Zählt Bier zu den Grundnahrungsmitteln?

Klare Antwort: Ja.

Im Sudan wird seit fünftausend Jahren Hirse angebaut. Forscher sind sicher: Genauso lange wird daraus das Hirsebier *Merisa* gebraut. Das Bier ist so gesund, dass daraus eins der wichtigsten Nahrungsmittel wurde.

Das Gesöffchen wird nicht gekocht, sondern einfach in einem Wasserhirsemehlmix vergoren. Deshalb ist es überaus eiweißreich und kann den auf seine Gesundheit bedachten Trinker durch reichlich Vitamin C und B von der Notwendigkeit des Getrunkenwerdens überzeugen. Und das gute Gesundbier hat weitere Vorteile: Stärkehaltig wie es ist, kann es in Tontöpfen lange aufbewahrt werden, ohne zu verderben. Mit meist gerade drei Prozent Alkoholgehalt fällt es für Traditions-Trinker auch überhaupt nicht in die Kategorie Alkohol.

Merisa ist darüber hinaus reine Männertrinksache. Folgender Ablauf gilt als vorbildlich: Männer ernten die Hirse. Frauen verarbeiten sie zu Bier. Männer trinken das Bier, damit sie so gestärkt zur nächsten Hirseernte schreiten können. Perfekte Arbeitsteilung.
Und weil *Merisa* trinken den Trinker mutig macht, sind in Schlachten früher Frauen und Kinder ihren Stammes-Kämpfern gefolgt und haben ihnen das *Merisa* hinterher geschleppt – für den Fall, dass mal wieder ein *Merisa*-Mut-Trunk fällig war. Prost.

12.
Gesetze

Muss ich meinen Personalausweis immer mit mir führen?

Ich *sollte* den Ausweis dabeihaben, um mir Unannehmlichkeiten zu ersparen, aber ihn dabeihaben *müssen* muss ich nicht. Und entgegen anderslautender Volkslegende muss ich nicht mal einen besitzen.

Da in Deutschland aber jeder amtlich registriert und katalogisiert wird, muss ich natürlich *irgendein* Personal-Dokument mein eigen nennen. Das kann allerdings auch der Reisepass sein.

Den Ausweis und / oder Pass kann ich dann mit mir herumschleppen oder an einem malerischen Ort meiner Wahl liebevoll aufbewahren. Und wenn die Polizei sagt: *Zeigen Sie mal Ihren Ausweis,* darf ich höflich erwidern: *Meine Herren, kommen Sie mal mit zu mir nach Hause, da liegt der Ausweis, speziell für so eine Kontrolle aufgebahrt, um Ihr gütiges Ordnungshüterherz zu erfreuen.*

Möglicherweise werden dann die Ordnungshüter mich zunächst einmal freundlich mit auf ihre Wache nehmen, mir viele interessante Fragen stellen, um hernach dann doch das Personaldokument in meinem trauten Heim zu begutachten oder mich zu bitten, es zur Wache zu transportieren.

Das kann eine langwierige, Nervenstärke fördernde Angelegenheit werden, funktioniert aber, denn eine Mitführ-*pflicht* von Ausweis und Pass gibt es einfach nicht.

Seit wann ist Montag der erste Wochentag?

Die Woche startet mit dem Montag in Deutschland-Ost seit 1969, in Deutschland-West seit 1976 laut amtlicher Norm DIN-1355, mittlerweile ersetzt durch DIN ISO 8601.

Bis dahin galt, wie heute noch in den USA und auch bei uns auf Kirchenkalendern, der Sonntag als erster Wochentag.

Nach christlicher Tradition beginnt die Woche nämlich mit dem sogenannten *Herrentag*, dem Sonntag. Denn das ist der wichtigste Tag, die Nummer Eins der Woche. Diese Ansicht stammt aus religiöser Überlieferung: Weil Christus laut Tradition an einem Sonntag von den Toten auferstand und deshalb jeder Sonntag als Gedächtnistag der Auferstehung gilt, gibt es keinen Tag, der wichtiger sein könnte.

Da wir heute aber allgemein eher nach dem Motto leben: *Erst die Arbeit, dann das Vergnügen*, fängt die Woche nun eben mit dem ersten Arbeitstag, dem Montag an – und endet mit dem Feiertag.

Welche Strafe steht auf Gefängnisausbruch?

Formulieren wir es vorsichtig so: Jeder Gangster kann, wenn er es denn schafft, so oft er möchte, aus dem Gefängnis türmen, denn in Deutschland steht auf Knastausbruch keine Strafe.

Das hat schon das alte deutsche Reichsgericht im Jahre 1880 so verfügt.

Unsere Freunde in Bayern fanden das in den 1950er Jahren zwar hochgradig schwachsinnig und verfügten per Gesetz, dass der Ausbruch selbstverständlich unter Strafe stehe, doch der Bundesgerichtshof kassierte dieses Gesetz stehenden Fußes wieder ein.

Aber Achtung: Die Straffreiheit gilt nur für das eigene Stiften gehen. Jemand anderem zur Flucht zu verhelfen, ist strafbar. Und wer beim Selbstausbruch die Gitterstäbe zersägt, ist hinterher auch dran: wegen Sachbeschädigung. Wer darüber hinaus dem Wachmann eins über den Schädel zieht, wird später wegen Körperverletzung verknackt. Und wer mit anderen gemeinsam ausbricht, kann wegen Gefangenenmeuterei drankommen.

Also: Wenn schon, dann immer schön alleine abhauen – ohne Säge und Knüppel.

Wem gehört der Kölner Dom?

Normalerweise sind Kirchgemeinden oder Städte Eigentümer der Kirchen-Gebäude. Kein Verein, keine GmbH, keine Aktiengesellschaft, auch keine Partei oder Liechtensteiner Stiftung halten Anteile an den Gebäuden.

So weit, so klar. Doch in Köln ist alles anders: Der Dom gehört nämlich sich selbst. Er ist sein eigener Eigentümer. Offiziell gehört er der Hohen Domkirche zu Köln, das ist er selbst in seiner Funktion als juristische Person des öffentlichen Rechts.

Schwierig wird es leider bei Behördengängen, denn der Dom bewegt sich ungern vom Domplatz weg, Unterschriften sind auch nicht seine Sache. Schreiben kann er genauso schlecht wie sprechen. Also gibt es einen Rechtsvertreter. Das ist das Domkapitel: 16 Herren, des Schreibens und Sprechens mächtig, handeln im Auftrag des Domes … sagen sie.

Doch ob der Dom je selbst dieser Rechtsvertretung zugestimmt hat, darüber schweigt er sich bis heut beharrlich aus.

Welcher Überfall ist ein besonders schöner Überfall?

Nicht jeder Überfall ist von Übel für den Überfallenen. Manch Überfall kann durchaus schmackhaft sein – jener nämlich durch fremder Leute Apfel-, Birnen- oder Kirschbaum.

Geregelt ist das im deutschen Nachbarrecht. Da werden als *Überfall* jene Früchte bezeichnet, die von einem Baum oder einem Strauch auf das Nachbar-Grundstück hinüber fallen, der Apfel etwa, der mitunter weiter vom Stamme fällt, als manch Sprichwort es wahrhaben möchte. Und diese *Überfall*-Früchte gehören dann mitnichten dem Baumeigentümer, sondern dem, auf dessen Grundstück sie landen.

Die Kirschen aus Nachbars Garten können also unter Umständen durchaus als die eigenen betrachtet werden, sofern sie nach Schlaraffenland-Manier von selbst den Weg aufs eigne Grundstück finden.

Warum werden Lottozahlen ohne Gewähr verlesen?

Die Gründe: reine Vorsicht und Angst vor dem Ruin.
Das Problem beim Lottospielen sind ja nicht die paar Gewinner, die mit einer Quote von 1 zu 14 Millionen ihren unwahrscheinlichen Sechser abfassen. Probleme bereiten vielmehr die Heerscharen von Nichtgewinnern.
Stellen Sie sich vor, ein Radiomoderator verkündete die Lottozahlen 0-8-15 als gezogen. Sie haben die Zahlen angekreuzt und 20 Millionen gewonnen, angeblich. Nun machen Sie das, was Sie längst zu tun erträumten: Sie schmeißen Kinder, Mann und Katze aus dem Haus, sagen ihrem Chef, was Sie ihm schon immer sagen wollten und stellen sich bei der örtlichen High Society als neues Mitglied vor.
Bis hierher ganz normal. Doch malen Sie sich Schreck und Graus aus, wenn herauskommt: Der Radiomann hat sich geirrt, gewonnen hat die 0-8-16, die Kohle bleibt im Jackpot und Ihr Konto bleibt jungfräulich leer.
Dann erweitert sich nicht nur ihr persönlicher Lieblingswortschatz um ein gerüttelt Maß an Fäkalvokabeln, nein, auch der Rachedurst erwacht, den Radio-Menschen zu verklagen, der Sie derart derbe ins Verderben getrieben hat.
Um solchen Schadenersatz-Klagen zuvorzukommen, hängt jeder, der einigermaßen bei Trost ist, die Floskel *Alle Angaben sind ohne Gewähr* den Zahlen hinten an. Denn der Satz bedeutet, dass bei einem Versehen juristisch alle Gewährleistungs-Ansprüche ausgeschlossen werden.

Wie viele Federn hat der deutsche Bundesadler?

Es mag vielleicht befremden, doch in einem Land, in dem selbst die Frage gesetzlich durchgeregelt und vorgeschrieben ist, ob die TÜV Plakette am vorderen oder hinteren Auto-Nummernschild zu kleben hat, in einem solchen Land gibt es tatsächlich keine staatlichen Hinweise auf die amtliche Zahl der Wappentier-Federn.

Und so macht jeder, was ihm gerade günstig scheint.

Auf Fußball-Nationalmannschafts-Trikots sind vier Federn pro Flügel drauf.

Auf dem Bundeswappen trägt der Adler fünf Federn spazieren.

Und auf dem Personalausweis sind gleich zwei Varianten zu sehen: als Hologramm über dem Passbild der sechs- und rechts daneben der siebenfedrige Adler.

Wie kommts? Das hehre Wappentier muss den Schnabel zwar vom Betrachter aus gesehen nach links drehen und bezirzt in der Farbvariante durch fröhlich schwarzes Gefieder mit kecker roter Zunge – doch darüber hinaus verfügt das bis heute gültige Bundesgesetzblatt vom 20. Januar 1950 nur dies: Die künstlerische Ausgestaltung des Adlers bleibt für jeden besonderen Zweck ausdrücklich vorbehalten.

Mit anderen Worten: Der deutsche Adler hat freie Federwahl. Es ist ganz einerlei, wie er sich präsentiert: ob halb gerupft mit vier oder schick und schier mit sieben Federn.

Wie frauenfeindlich ist der Altweibersommer?

Eine durchaus alte Frau Jahrgang 1911 befand vor einiger Zeit: *Altweiber* sagt man nicht, so etwas verletzt, diskriminiert und beleidigt jedes alte Weib. Sie klagte vor dem Darmstädter Landgericht und wollte den Begriff verbieten lassen. Doch das Gericht wies die skurrile Klage ab – mit einem Schuss Humor, denn es verkündete sein Urteil am 2. Februar 1989, das war ausgerechnet Altweiberfastnacht.

Das Gericht hat recht getan, die Klage abzuweisen, denn der Altweibersommer hat nichts mit greisen Frauen zu tun.

Das Wort reicht zurück in die Mythologie germanischer Zeit. *Weiben* ist das Knüpfen der Spinnenweben. Die Gespinste finden sich während des Altweibersommers allenthalben: in Wiesengras und Baumgeäst, an Fensterläden und Gartenzäunen, wo immer der Wind die feinen Fäden der Jungspinnen hinträgt. Und wer des Morgens früh im Sonnenlicht den Blick übers Land streifen lässt, der sieht, wie Tautropfen die Fäden zum Glitzern und Glänzen bringen.

Der Altweibersommer ist übrigens ein Phänomen, das auch von Profiwettervorhersage-Fröschen anerkannt wird: Stabile Hochdruckgebiete sorgen zum Ausklang des Sommers für beständig schöne Witterung.

Und der Volksglaube sagt: Wenn sich die Altweibersommer-Spinnweben-Fäden in den Kleidern verfangen, dann bringt das Glück. Probieren Sie es aus.

Was verstehen wir unter einer Handschuh-Ehe?

Diese skurrile Eheart hat nichts mit Frostschutzkleidung in winterkalten Kirchen zu tun oder mit vorsorglich zu Eheanfang geworfenem Fehde-Handschuh. Vielmehr ist es die bei uns verbotene *Stellvertreter-Hochzeit*:

Nur einer der Gatten ist bei der Trauung körperlich anwesend, der andere lässt sich wegen dringender Geschäfte, Krankheit oder Übellaunigkeit entschuldigen und schickt einen Boten, der für ihn die Zeremonie über sich ergehen lässt.

Beliebt war die Handschuhehe bei Hofe. So heiratete Marie Antoinette Anno 1770, als sie sich Ludwig XVI. anvermählte, leibhaftig nicht den König selbst, sondern seinen Botschafter.

Nach Kirchenrecht vollzogen galt die Ehe aber erst, wenn sich die echten Brautleute das erste Mal sahen – und zwar im Bett, denn erst der körperliche Akt macht die Ehe wirklich zur Ehe. Dieser wichtige Umstand beförderte seltsame Gebräuche während der Handschuh-Zeremonie, die darin gipfelten, dass sich Braut und Stellvertretergatte vor versammelter Hochzeitsmannschaft ins Bett legen mussten und je ein Bein entblößten: das galt als Symbol für den körperlichen Ehevollzug.

Wer sich diese Zeremonien-Nummer nach wie vielen bewusstseinsvermindernden Gutelaunepillen einst ausdachte, ist leider nicht überliefert.

Fakt ist: In Deutschland müssen beide Eheteile körperlich anwesend sein. Anders ist das in Polen, Portugal und Spanien: Da ist die Handschuhehe weiter erlaubt.

Können Tiere Parteimitglieder werden?

Um es gleich vorweg zu sagen: Nicht jede Wählervereinigung nimmt Tiere als Mitglieder auf, was von Tierfreunden durchaus als tierfeindlich betrachtet werden kann.

Doch es gab eine Partei, die animalische Mitgeschöpfe nicht nur aufnahm, sondern sogar mit höchsten Ehren versah. Es war die kanadische *Rhinozeros-Partei*. Von 1965 an war Cornelius I. mehr als zwanzig Jahre lang Chef der Partei. Cornelius war ein Spitzmaulnashorn. Partei-Gründer Jaques Ferron hatte Cornelius zu dessen ausgezeichneten Posten verholfen. Die CBC-News zitieren Ferron später sinngemäß so: Nashörner und Politiker hätten ja viel gemeinsam: Beide seien dickhäutig, langsam und dusselig; bei Gefahr allerdings so schnell wie der Teufel: schnell weg.

Die Ziele der *Rhinozeros-Partei* waren vielfältig, einige Forderungen revolutionär. Beispiele:
Schafft endlich das Gesetz der Schwerkraft ab. Kreiert höhere Bildung durch den Bau größerer Schulen. Verschiebt die Rocky Mountains einen Meter nach Westen als endlich mal tragfähige staatliche Arbeitsbeschaffungs-Maßnahme. Und führt den englischen Linksverkehr ein, mit einer Übergangsfrist von fünf Jahren, zuerst wechseln große LKW auf links, später Busse, und wenn sich das bewährt, am Ende eventuell auch Autos und Fahrräder.
Die Partei wurde tatsächlich gewählt. In den 80ern erreichte sie teils mehr als ein Prozent der Stimmen. In den 90ern wurde sie aufgelöst. Schade eigentlich.

13.
Gesundheit
&
Religion

Ist Angst ansteckend?

Erstaunliche Antwort: Ja. Noch erstaunlicher: Furcht fliegt immer mit dem Wind.
Grund: Angst kann übertragen werden durch Pheromone, das sind Duft- oder in diesem Falle besser Stinkstoffe im Angstschweiß.

Das haben amerikanische Forscher herausgefunden. Zunächst ließen sie einige Leute aus einem Flugzeug springen, mit Fallschirm zwar, jedoch die Wissenschaftler lagen richtig mit der Annahme, dass die Flugkünstler mit viel Angstschweiß unter den Achseln nach Hause kämen. Diesen Schweiß mussten andere Probanden später schnüffeln, und siehe da: Die Angstzentren in den Gehirnen der Angst-Schweiß-Schnüffler waren wesentlich aktiver als die Zentren jener Testpersonen, die angstfreien Hitzeschweiß inhalierten.

Von Tieren ist schon lange bekannt, dass sie auf biologische Duftstoffe reagieren. Der Mensch dagegen hat das bewusste Pheromone-Schnüffeln im Lauf seiner Entwicklung verlernt. Wenn der Mensch heute schnüffelt, dann in der Regel nur noch in juristisch oder geheimdienstlich relevanter Manier. Auf welche Weise die Duftstoffe aber trotzdem wirken, warum Panik, Angst und Stress weiterhin tatsächlich ansteckend wirken, diese Fragen konnten von den Forschern noch nicht geklärt werden.

Wie gesund ist Küssen?

Der Kuss stärkt das Immunsystem und beugt Falten vor.
Bei einem durchschnittlichen Zungenkuss werden neben
Zungen- und Lippen-Muskulatur rund dreißig weitere
Gesichtsmuskeln bewegt. Dieses Muskeltraining sorgt
für gut durchblutete straffe Haut. Dadurch wirkt die Ge-
sichtsfarbe gesünder, und Mimikfalten glätten sich.

Darüber hinaus profitiert das Immunsystem ganz kolossal vom Austausch der Körperflüssigkeiten, denn beim
Knutschsabber-Schmatz-Schatz-Schlecken wechseln
jede Menge Bakterien ihren Besitzer. Größenordnung
pro Kuss: 40.000.
Bei derartiger Invasion hat die Körperabwehr gut zu tun
und geht gestärkt aus der Kussattacke hervor, denn der
Kuss wirkt wie eine Schluckimpfung: Der Körper lernt
viele neue Bakterien und Viren kennen und kann künftig
besser mit den neu gewonnenen Lieblingsfeinden fertig
werden. Und wenn die Körperpolizei schon mal so auf
Streife herumstreift, kann sie nebenher jede Menge Rest-
schadstoffe, die sich im Körper tummeln, killen.

Das zwischenmenschliche Aneinanderherumsaugen ist
außerdem, weil sich beim Kuss der Puls nahezu verdop-
pelt und der Blutdruck auf 180 hochjagt, ein probates
Mittel, um Kreislauf und Stoffwechsel auf Touren zu
bringen.
Mit anderen Worten: Ein Kuss ist so gesund, es müsste
ihn eigentlich auf Krankenschein geben.

Gibt es wirklich gebrochene Herzen?

Die Poeten und Philosophen sagen Ja. Kein Wunder, sie leben gut von Herzschmerz-Gedichten und Geschichten, von Fragen der Liebe und den Folgen des Liebesentzugs. Doch mittlerweile haben sich auch Mediziner des Phänomens angenommen und sagen: Es existiert, das Gebrochene-Herz-Syndrom.
Die Auslöser: Liebeskummer und der Tod nahestehender Menschen sowie heftige Streitereien.

Die Symptome sind denen des Infarktes vergleichbar: Wasser in der Lunge, Brustschmerzen und Atemnot. Doch dieser Zustand ist, anders als beim Infarkt, relativ leicht zu kurieren, medizinisch betrachtet. Im Akutfall ist er zwar lebensgefährlich, doch einige Tage viel Trinken und strenge Bettruhe genügen, um den Patienten körperlich wieder fit zu machen.

Die Gründe für die infarktähnliche Reaktion: Bei Trauer, Wut und Schmerz, Schreck und Schock gibt das Gefühlsoberkommando im Gehirn der Körperpolizei den Befehl, Adrenalin und Stresshormone durchs Blut zu schießen; und die können letztendlich den Herzmuskel lähmen. Ergebnis: ein infraktähnlicher Zustand, das Gebrochene Herz Syndrom oder auf Mediziner-Deutsch: Stress-Kardiomyopathie.
Am stärksten gefährdet sind übrigens Frauen nach den Wechsel-Jahren. Warum das so ist, haben die Forscher noch nicht ganz geklärt.

Sind wir wirklich wegen eines Apfels aus dem Paradies geflogen?

Unwahrscheinlich. Die Bilder, wie Eva den Apfel vom verbotenen Baum pflückt, ihn Adam aufdrängt und beide deswegen und mit unfreundlicher Unterstützung der Schlange aus Eden gefeuert werden, diese Bilder beruhen auf Missverständnissen.

Äpfel gab es damals in Palästina nämlich nicht.

Der Apfel kommt ins Spiel erst durch eine Fehlübersetzung der lateinischen Bibel-Version. Da steht, sie aßen vom Baum der Erkenntnis des Guten und Bösen: *boni et mali*. Nun kommt *mali* aber von *malus*=böse, und nicht von *malum*=Apfel. Dieser feine, nicht unbedeutende Unterschied entging diversen Künstlern. Und so ist der Apfelimbiss bis heute Teil eines Jahrtausende währenden Missverständnisses.

Was aber aßen die beiden stattdessen? Es steht nur etwas von Frucht, und da sie sich nach ihrer verheerenden Malzeit mit Feigenblättern bedeckten, könnten es tatsächlich Feigen gewesen sein.

Andererseits ist das aber auch gänzlich egal, weil die beiden uns mit und ohne Apfel die ganze Paradies-Nummer komplett versaut haben, um es mal volkstümlich auf den Punkt zu bringen.

Sehen Betrunkene weiße Mäuse?

Klare Antwort: Jein.

Wer abends sein Bierchen oder Weinchen kippt, muss nicht aus Angst vor weißen Nagern sicherheitshalber gleich auf dem Schrank schlafen. Ohnehin sieht nicht der Benebelte die Tiere, die kommen nämlich erst, wenn sich der Nebel lichtet.

Die weiße Maus, auch gerne Ratte, Schlange oder Spinne, ist eine Halluzination, die entsteht, wenn der Alkoholpegel sinkt und Entzugssymptome einsetzen. Dann kann das Gehirn Trugbilder produzieren, die es aus bekannten Phänomenen zusammensetzt.

Deshalb werden übrigens auch kaum gelbe Elefanten, rosa Hunde und blaue Katzen gesichtet – höchstens mal eine lila Kuh.

In der Regel sind es aber in der Tat die berühmten weißen Nager und spinnenbeinigen Krabbelviecher.

Wer im Suff also den Kammerjäger bestellt oder ein Arsenal Mausefallen ordert, sollte sich dringend Gedanken über sein Trinkverhalten machen.

Ist Religion Opium fürs Volk?

Der Urheber einer mittlerweile fast überall untergegangenen Diktatur-Variante hat vor mehr als 150 Jahren die Opium-These aufgestellt. Und wie bei seinen restlichen Thesen, lag Karl Marx auch hier ein bisschen richtig und hauptsächlich falsch.

Es ist nämlich nicht die Religion das Opium des Volkes. Es ist vielmehr ihr Weihrauch, der uns umnebelt, und der dann dafür aber richtig. Denn wer beim Weihrauchschnüffeln von Hochgefühl durchdrungen wird, kann das nur indirekt auf religiöse Ergriffenheit zurückführen. Israelische Forscher haben herausgefunden: Weihrauch macht high. Genauer: Ein bestimmter Inhaltsstoff des Weihrauchharzes sorgt dafür, dass wir uns entspannen, dass Angstzustände gemildert und Depressionen gelindert werden können. Ionenkanäle in Haut und Gehirn transportieren die Räucher-Stoffe genau dahin, wo sie das Wohlbefinden steigern.

Diese Erkenntnis könnte erklären, warum Weihrauch seit Jahrtausenden in fast allen Religionen so beliebt ist. Forscher prüfen jetzt, ob das Harz des Weihrauch-Baumes auch für medizinische Zwecke verwendet werden kann, etwa gegen Depressionen.

Weihrauch: Opium fürs Volk – positiv betrachtet.

Gibt es wirklich Jedi?

Aus den Star-Wars-Filmen wissen wir, wie klug und unerschütterlich gut, anständig und wahnsinnig weise Jedi sind: Meister Yoda und Obi-Wan-Kenobi, hinter ihnen steht als unerschöpfliche Kraftquelle *Die Macht*, die, wenn sie nicht missbraucht wird, die Jedi zu Friedenswächtern der Galaxis macht.

Quellen der Jedistärke sind Wissen, Disziplin und *Diese Macht*, die so etwas wie die universelle Energie des Universums ist. *Die Macht* verbindet und verknotet, umschlingt und durchdringt einfach alles mit irgendwie jedem.
Da schwingt ein zusammengerührter Vorstellungs-Mix aus Buddhismus, Taoismus und weiteren meist fernöstlichen Kultur-Schnipseln mit.

Und wenn der Jedi für das Gute kämpft, dann zieht er sein quietschbuntes Lichtschwert, das ist vorzugsweise in den attraktiven Neonfarben grün und blau erhältlich.
Natürlich gibt es Jedi nicht nur im Film. Sie treiben auch auf der Erde ihr Wesen. Genaugenommen ist Jedi eine anerkannte Religion in Australien. Wie kommts? Bei einer Volkszählung haben 70.000 Aussies unter Religionszugehörigkeit *Jedi* eingetragen, und das australische Recht sagt: Wenn ein Glaubensbund mindestens 10.000 Mitglieder hat, müssen ihn die Behörden offiziell als Religion anerkennen.

Na dann: Möge *Die Macht* mit dir sein…

Wie schützen wir uns am besten vor Erkältung?

Eine Möglichkeit für Hypochonder: sämtliche Kontakte zur Außenwelt abbrechen. Status: nicht empfehlenswert.
Nächste Möglichkeit für Normalsterbliche: impfen lassen. Status: soll helfen.
Beste Möglichkeit für jeden: Sport und Sex. Status: extrem erstrebenswert. Wobei auf Sport durchaus verzichtet werden kann.

Amerikanische Forscher haben herausgefunden: Aktives Liebesleben beugt Erkältungskrankheiten vor, denn beim Akt mit dem Partner steigt der Pegel an Immun-Globulin im Körper. Dieser Stoff schützt wirksam vor Schnupfen und anderen Infektionen. Darüber hinaus werden in einem 30minütigen Liebesspiel so viele Kalorien verbraucht wie bei einer 40minütigen Jogger-Tour. Also spart der Liebesakt sogar Zeit.

Und weil die Bauchmuskeln im Bett beim Liebemachen stärker belastet werden als im Wald beim Joggen, ersetzt ein durchschnittlich erfolgreicher Liebesakt außerdem noch ein 15minütiges Fitnessstudiomartyrium, kann also durchaus aufgenommen werden ins persönliche Schlankheitstrainingsprogramm.

Ist Wundenlecken gesund?

Mäuse, Katzen und Hunde, nur mal so zum Beispiel, machen es uns vor. Sie lecken sich ihre Wunden sauber, und sie tun gut daran, denn im Speichel sind Eiweiße enthalten, die das Heilen der Wunden beschleunigen.

Vor einiger Zeit haben holländische Forscher Menschen-Spucke untersucht und herausgefunden: Auch unser Speichel heilt. Zwar nicht so gut wie der von Nagetieren, denn die Heilsubstanzen etwa in Mäusespucke sind hunderttausendfach höher konzentriert, aber auch wir produzieren in bescheidenem Umfang das Eiweiß Histatin, das antibakteriell auf offene Wunden wirkt.

Entdeckt haben die Wissenschaftler den Stoff, als sie verletztes Zellgewebe einen Tag lang in Reagenzgläsern stehen ließen, ein Gewebe ganz trocken, das andere mit Speichel versetzt. Ergebnis: Das Trockengewebe hatte sich noch längst nicht erholt, die Zellen in Spuckelösung dagegen waren komplett verheilt.

Histatin, das Wundheilwundermittel, ist vermutlich auch der Stoff, der dafür sorgt, dass Wunden im Mund grundsätzlich viel schneller heilen als irgendwo anders am Körper.

Der Satz: *Er leckt sich seine Wunden*, hat also nicht nur übertragene Bedeutung, sondern durchaus medizinische.

Welche Vorzüge hat Hüftspeck?

Abgesehen davon, dass diese oft geschmähte Speckvariante nur eingeschränkt attraktiv aussieht, wenn sie eine gewisse kritische Masse überschreitet, ist Hüftspeck tatsächlich gutes und gesundes Fett. Es schützt vor Diabetis und verbessert den Zuckerstoffwechsel im Körper. Das haben Forscher in Boston herausgefunden.

Hüftspeck ist Fett, das sich direkt unter der Haut ablagert. Wissenschaftler vermuten, dass die Fettzellen Hormone produzieren, die den Zuckerstoffwechsel im Körper verbessern. Die Zellen richten sich nur an Schenkeln und Hüften häuslich ein und verleihen ihrem Träger eine gewisse Birnenform.

Dagegen macht es sich schlechtes, ungesundes Fett im Bauch gemütlich und belagert den Magen sowie befreundete Organe. Dieses Fett verleiht seinem Träger den sprichwörtlichen Bierbauch, mithin eine gewisse Apfelform.
Wenn Sie also wie ein Apfel aussehen, ist das ein Zeichen für zuviel schlechtes Bierbauchfett. Wenn Sie dagegen aussehen wie eine Birne, geht das schon in Ordnung irgendwie.

Fazit: Nicht jedes Fett ist von Übel. Mahlzeit.

14.
Wissenschaft

Welches ist das seltenste Element auf unserem Planeten?

Was die Welt im Innersten zusammenhält, sind Eisen, Sauerstoff, Silizium und Aluminium. Diese Elemente schöpfen 90 Prozent des Elementepotentials aus. Was übrigbleibt, sind Raritäten wie etwa Gold: Geschätzte 30 Milliarden Tonnen gibt es, das entspricht einem Masseanteil von übersichtlichen 0, 000 000 5 Prozent.

Noch seltener ist Astat, ein Zerfallsprodukt des Urans, davon existieren 25 Gramm – und diese wenigen Gramm existieren *immer mal wieder*, muss man sagen, denn das Zeug zerstört sich nach wenigen Stunden selbst.

Die wahren Extrem-Raritäten aber heißen *Ununsepitium* und *Ununoctium*. Diese Elemente kommen in freier Wildbahn gar nicht vor, sondern müssen in Teilchen-Beschleunigern künstlich erzeugt werden.

Vom *Ununoctium* konnten schon drei einzelne Atome hergestellt werden. Mit einer Halbwertszeit von Null-Komma-Neun Millisekunden ist die Rarität allerdings nicht sonderlich haltbar.

Getoppt wird dieses wunderbare Element nur von *Ununseptium*. Die Nummer 117 im Periodensystem der Elemente hat eine ähnliche praktische Bedeutung wie *Ununoctium*, nämlich gar keine. Sie konnte bislang auch nur errechnet, aber nicht hergestellt werden.

Mit anderen Worten: Das seltenste Element der Welt ist so selten, dass es überhaupt nicht existiert.

Welches Geheimnis birgt Totwasser?

Mysterium der Meere: Die Sonne strahlt, der Himmel blaut wie unter ihm der friedlich stille Ozean, und eine leichte Brise lässt das Schiff auf kleinen Wellen Kurs auf Inselsand und Sonnenstrand nehmen. Doch plötzlich stockt die Fahrt, und das Schiff kommt ganz zum Stehen. Erst der nächste kräftige Wind macht es wieder flott. Glück hat, wer hier auf festen Planken steht und warten kann – denn auch Schwimmern droht Gefahr: Sie verlieren in diesem Totwasser ebenfalls an Schwung. Es bremst jeden, der es durchquert.

Die Bremsflüssigkeit entsteht an Flussmündungen und Gletschern. Wo Süßwasser ins Meer fließt, kann bei ruhiger See eine Art Sandwich entstehen. Das vergleichsweise leichte Süßwasser aus Fluss und Gletscher vermischt sich nicht mit dem schweren Salzwasser des Meeres, sondern es schiebt sich wie eine zweite Wasserhaut darüber. An der Nahtstelle der Schichten entstehen Wellen, die auf der Meeresoberfläche nicht zu sehen sind. Durchfährt ein Schiff die Schichten, bauen sich am Schiffsheck blöde Brems-Wellen auf. Erst wenn weiterer Wind aufkommt, die Süßwasserwellen Wogen schlagen und durch Verwirbelungen die Schichten durchbrochen werden, sich süßes mit salzigem Wasser mischt, dann verschwindet das Totwasser, und das Wassersandwich wird zerstört.

Weißt du, wie viel Sternlein stehen?

Die alte Kinderliederfrage beschäftigt uns noch immer, denn gezählt hat die Sternlein niemand ganz genau.

Aber schätzen können wir. Sichtbar mit bloßem Auge ohne Fernrohr sind etwa 6.000 Sterne zu sehen. Sollten Sie nachzählen wollen und nur auf 3.000 Sterne kommen, ist das kein Zeichen für bislang nichterkannte Sehschwäche, sondern die restlichen 3.000 finden sich natürlich über der Südhalbkugel; unsere Freunde dort sind schließlich auch nicht ganz sternenlos.

Grundsätzlich sind in unbewohnter Wüste ein paar mehr Sterne zu sehen, dagegen in Riga, Rio und Rostock, Peine und Paris etwas weniger, dank umfangreicher Lichtverschmutzung durch Straßenlaternen und Autoscheinwerfer.

Doch was wir sehen, ist in jedem Falle nur der Bruchteil eines Bruchteils der wahren Sternenfülle. Forscher schätzen ihre Zahl auf bummelig 70 Trilliarden. Das eine Zahl mit 22 Nullen.

Anders ausgedrückt: Es gibt mehr Sterne im All als Sandkörner in allen Wüsten und auf allen Stränden der Welt zusammengenommen.

Welches Geheimnis birgt das Bermudadreieck?

Menschen verschwinden, Schiffe sinken, Flugzeuge stürzen ab. Das Meer türmt Monsterwellen auf, Kompassnadeln spielen verrückt, Radargeräte versagen. All das bei bestem Wetter und klarem Himmel.

Ist das Dreieck verflucht? Haben Außerirdische ihre Tentakel im Spiel? Oder sendet das versunkene Atlantis tödliche Kraftfelder aus? Es gibt viele Erklärungen, eine bekloppter als die andere.

Doch die Frage bleibt: Warum und wohin verschwinden Menschen, Schiffe und Flugzeuge im Teufelsdreieck?

Geologen haben eine Antwort gefunden: In ein bis zwei Kilometern Tiefe kann im klapperkalten Wasser unter hohem Druck Methanhydrat zu Eisbrocken verklumpen. Gefährlich wird das dann, wenn sich Temperatur und Druck innerhalb kurzer Zeit radikal ändern, ausgelöst etwa durch Seebeben. Dann kommt es zum *Blowout*, zum Aufbrechen der Eisbrocken und zum massenhaften Ausblasen des Methans: Die Blubberblasen steigen wie in einer Mineralwasserflasche nach oben, und die Dichte dieses Gaswassermixes ist um ein Vielfaches geringer als bei normalem Wasser.

Die unangenehme Folge: Schwimmt ein Schiff über so einem *Methan-Blowout*, kann es innerhalb weniger Sekunden sinken. Auch U-Boote laufen Gefahr, am Meeresboden zu zerschellen.

Das Bermudadreieck ist also durchaus tückisch, auch ohne Atlantisbewohner und Außerirdische.

Warum flitzen Blitze im Zickzackkurs zur Erde?

Sie sind der Hammer Thors, die der Germanengott zur Erde schleudert, sie sind lichtgewordene Zornesfalten in des Christengottes Antlitz und begleiten Luzifers Fall genauso wie den Flug der guten Engel vom Himmel zur Erde und zurück.

Blitze werden seit Menschengedenken beobachtet, gedeutet und gehören zu den beststudierten Naturphänomenen weltweit. Trotzdem hat der Mensch das Geheimnis der Blitze bis heute nicht zur Gänze gelüftet.
Welche physikalischen Gesetze müssen sich erfüllen, damit Flächen-, Perlschnur- oder Kugelblitze entstehen, Elmsfeuer leuchten und der Donner zu grollen beginnt? Ganz genau kann das keiner sagen.

Auch der Zickzackkurs gibt Rätsel auf. Klar ist: Der Blitz bewegt sich mit dreihundert Kilometern pro Sekunde zur Erde. Doch er nimmt nicht den direkten Weg, und er hält immer wieder an. Alle zehn bis zweihundert Meter bleibt er für einige Mikrosekunden stehen, verharrt, erst dann läuft er weiter. Aber er flitzt mit neuer Richtung davon, verzweigt sich und hinterlässt so die typische Zickzackspur.

Warum der Energieprotz diese durchaus unökonomische Variante wählt, um zwischen Wolke und Erde herum zu blitzen, ist Forschern noch immer rätselhaft.

Kann Wasser fliegen?

Erstaunliche Antwort: Nein.

Wenn aber Wasser nicht fliegen kann, warum schippern Wolken gemütlich über den Himmel, ohne dass je beobachtet wurde, wie so eine Wasserwolke abgestürzt wäre? Denn Wolken bestehen aus Wasser. Mit Minitröpfchen gefüllt sind unsere Schönwetterwolken, mit Eiskristallen die schweren Exemplare.

Und das ist das nächste Problem: Die fliegenden Wolken sind nicht nur aus nichtfliegendem Wasser zusammengebaut, sondern darüber hinaus sehr gewichtig. Eine mittelgroße Gewitterwolke, die ein paar hundert Meter lang und breit und sagen wir fünf Kilometer hoch ist, bringt es auf einige tausend Tonnen Gewicht.

Die Wolke ist also um ein vielfaches schwerer als der Jumbojet, der sie durchsaust. Und trotzdem fliegt das Teil.

Aber eben das stimmt nicht, denn Wolken können nicht fliegen. Sie schweben nur, bewegen sich wie ein Luftkissenboot über uns hinweg und werden von aufsteigenden Luftschichten da oben gehalten. Wenn sie zu schwer werden, werfen sie überschüssiges Gewicht über Bord, ohne die Frage zu erörtern, ob wir davon getroffen werden wollen, mit anderen Worten: Es regnet, graupelt oder schneit.

Abstürzen können Wolken nicht, aber es gibt doch einige mit umfangreicher Bodenberührung; die nennen wir dann liebevoll Nebel.

Welches Gammelgas ist unentbehrlich?

Es ist der Wunderstoff Ethen. Das süß riechende Gas wird meist aus Erdöl und Erdgas gewonnen und gehört zu den wichtigsten Rohstoffen der chemischen Industrie. Überall, wo Kunststoff draufsteht, ist Ethen drin: von der Haushaltsfolie bis zur Tupperdose, vom Lichtschalter bis zur Zahnbürste.

Aber auch in Reinform ist Ethen gefragt. Patienten durften lange Zeit das Zeug sogar schnüffeln: Ethen wurde als Narkose-Mittel verwendet.

Darüber hinaus ist es ein regelrechtes Gammelgas. Zuviel Ethen sorgt für Falten und Schrumpelhaut auf Äpfeln, Bananen und Tomaten. Ethen ist nämlich auch ein Pflanzenhormon. Es sorgt für das Reifen und spätere Faulen von Obst und Gemüse. Deshalb wird das Gas gezielt eingesetzt: Bananen, Zitronen und Apfelsinen werden ja gerne grün geerntet, damit sie ihren Weg um die Welt in heimische Supermärkte unverdorben überstehen; kurz bevor sie im Ladenregal landen, werden sie oft durch Ethenwolken geschoben, damit sie in Rekordzeit nachreifen.

Eine Kiste Tomaten hat übrigens denselben Effekt, denn Tomaten verströmen derart viel Ethen, dass jede Frucht an ihrer Seite fröhlich zu Reifen beginnt. Deshalb sollte man Tomaten lieber separiert lagern, denn Obst mit Tomaten als Nachbarn geht bestürzend schnell vom Reifein den Gammelzustand über.

Wo wirbelt der Weltmeisterwirbel durchs Wasser?

Beantworten wir die Frage literarisch:
Wir befinden uns dicht an der norwegischen Küste unter dem achtundsechzigsten Breitengrad in dem wüsten Bezirk der Lofoten. Das schreibt Edgar Allen Poe, und er fährt fort: *Der Rand eines gewaltigen Strudels war von einem breiten Gürtel leuchtenden Schaums umgeben, im Innern aber gähnte ein tiefer Abgrund, der von einer glatten schwarzglänzenden Wasserwand gebildet wurde.*

Poe übertreibt ein bisschen, aber was er sieht, sind die Strudel des Mahlstromes, die gefährlichsten und schnellsten Wasserwirbel der Welt. Mit knapp 28 Kilometern pro Stunde jagt das feuchte Element an den Lofoten entlang. Die Strudel des Mahlstroms haben ungezählte Fischer mit ihren Booten in die Tiefe gerissen.

Das Geheimnis der Wirbel: Hier fließt in Wahrheit ein Gezeitenstrom, eine Ausgleichsströmung des Meeres, vergleichbar den Prielen im Wattenmeer, nur um ein vielfaches größer. Und wenn die Flut kommt, zwängen sich wahre Wassermassen zwischen den Lofoteninseln Värö und Mosken hindurch. Wenn diese schnelle Strömung der Flut an der vorhandenen langsamen Küsten-Strömung vorbeischießt, zieht sie das langsame Wasser mit sich, und es entstehen die berüchtigten Wasserwirbel des Mahlstromes. Es sind die Hurrikane und Tornados der Meere.

Seit wann wissen wir, dass die Erde rund ist?

Die Legende sagt: Noch im Mittelalter verfolgte die Kirche jeden, der es wagte, die Scheibenform der Erde anzuzweifeln. Wirklich?
Falsch: Schon im 6. Jahrhundert vor Christus war sich Pythagoras sicher: Die Erde ist eine Kugel.

Natürlich gab es später Kirchen-Hardliner, die mit skurrilen Argumenten die Scheibenmär vertraten. Kirchenlehrer Lactanius war so einer. Er meinte, wenn die Erde eine Kugel wäre, flösse der Regen auf der unteren Hälfte von unten nach oben und die Menschen stünden auf dem Kopf.
Diese absonderliche Ansicht hat sich aber nie als Lehrmeinung durchgesetzt. Mehr noch: Die Prominenten jener Zeit waren Verfechter der Kugelerde. Thomas von Aquin, Hildegard von Bingen und Albertus Magnus, sie alle wären vor Scham im Boden versunken beim Gedanken an eine Scheibenerde.

Der Mythos vom mittelalterlichen Scheibenweltbild kam erst im 19. Jahrhundert auf, durch übellaunige Historiker, die der Kirche eins auswischen wollten. Doch sie wischten an der falschen Stelle, denn dass unser Lieblingsplanet rund- und sogar, wie groß er ist, das wissen wir schon seit Eratosthenes: Der Astronom berechnete den Umfang der runden Erde auf 50 Kilometer genau, und das war vor reichlich 2.200 Jahren, lange bevor die Kirche überhaupt entstand.

Ist es im Winter leiser als im Sommer?

Selbstverständlich wird der geschulte Wandersmann diese Frage mit Ja beantworten, und er wird sagen: Wenn ich im Winter durch Wald und Flur streife, fehlt mir das sommerliche Vogelgebrüll; auch fehlt mir der Krach des Wassers, wenn das Flussbett zugefroren und kein Wellenschlag zu hören ist.

Bis dahin hat der Wandersmann recht. Doch auch das vorüberfahrende Auto, der trötende Zug und das giftige Gegröle grantiger Genossen gegen griesgrämige Gegner im Garten, mal so zum Beispiel, wirken im Winter tatsächlich leiser als im Sommer – vorausgesetzt, es liegt Schnee, und zwar frischer Schnee.

Der Grund ist ein physikalischer: Viele lockere, zu großen Wehen aufgetürmte Schneeflocken sehen nicht nur malerisch aus, sie bilden ob ihres lockeren Liegens auch viele Zwischenräume, in denen sich der Schall von Auto, Zug und Griesgramgebrüll wohltuend verliert.

Je mehr frischer, noch nicht von fester Schicht überfrorener Schnee herumliegt, desto schwächer wird also der Schall reflektiert. Ergebnis: Ein und dasselbe Geräusch wirkt im winterlichen Schnee tatsächlich leiser als unter sommerlicher Sonne.

15.
Wirtschaft
&
Finanzen

Warum sollen wir keine Geldscheine essen?

Weil sie nicht schmecken, die Farbstoffe nicht den EU-Lebensmittelfarb-Normgesetzen entsprechen und die Metallfäden da drin auf schmerzelektrische Weise mit Plomben kollidieren könnten, schon klar.

Aber der wahre Grund ist doch: Weil wir nicht wissen, ob wir deutsche, italienische oder spanische Scheine in Händen halten. Und die spanischen sind die gefährlichsten in Europa, denn von den Dingern wird man high.

Wissenschaftler haben herausgefunden, dass Spaniens Scheine im Schnitt dreißig mal mehr Rauschgiftspuren enthalten als deutsche. Vor allem Koks. Der Grund: Spanien ist Hauptimporteur und Verteilerkreuz in Sachen Kokain & Co. für ganz Europa.
Ich vermute: Es kann auf so einem spanischen Koksschein schon mal mehr Droge drauf sein als man für den Schein im freien illegalen Schwarzhandel tatsächlich bekommen würde.

Noch zugekokster sind nur die Amerikaner. Dollar-Noten sind weltweit die ungesündesten Scheine.

Fast klinische reine Scheine bringen dagegen die Schweizer in Umlauf, und das ist beachtlich, denn gerade die verdienen ihre Franken ganz ja offiziell mit Schnee.

Ist Streiken eine Erfindung der Neuzeit?

Mitnichten, es ist eher eine Erfindung des Neuen Reiches in Ägypten, genauer: der 20. Dynastie.

Im Jahre 1156 vor Christus gab es den ersten dokumentierten Streik der Welt-Geschichte unter Pharao Ramses III.

Der Mann ließ sich einen bis heute weltberühmten Totentempel bauen und vergaß dabei, seine Arbeiter zu bezahlen. Die hungrigen Maurer, Zimmerleute und Steinschneider, Gipser, Stukkateure und Holzsäger legten die Arbeit nieder, marschierten zum nächsten Tempel und skandierten: *Wir sind hungrig!* Nach den – bis heute üblichen – Hinweisen an die Streiker, der Aufstand bringe gar nichts, man möge wieder zur Arbeit schreiten und froh sein, dass man überhaupt welche habe, streikten die Totentempel-Arbeiter munter weiter – mit Erfolg: Am Ende erhielten sie den ausstehenden Lohn, denn der Tempel musste fertig werden, und wer sollte sonst die Arbeit machen?

Wetten, wir sind alle ein bißchen notaphil?

Und warum? Weil es cool ist, etwas wirklich Großes, Wertvolles zwischen den Fingern zu haben.

Okay es gibt noch eine ganze Reihe anderer Spinner neben uns, die unter irgend einer –philie leiden, einer Freundschaft, Liebhaberei und Leidenschaft, für abstruse Dinge:

Der Dendrophile beispielsweise treibt es mit Bäumen;

der Arktophile verfügt über enge freundschaftliche Beziehungen zu Teddybären;

und der Agalmatophile schließt kalte Statuen in sein warmes freundschaftswildes Herz.

Zugegeben, die Menge der Dendro-, Arkto- und Agalmato-Philen ist eine überschaubare. Die Notaphilen aber sind Legion, und wenn wir könnten, wie wir wollten und hätten, was wir erträumten, dürften noch viel mehr von uns dieser Leidenschaft frönen, denn Notaphile sammeln schlicht und einfach Banknoten.

Es lebe Onkel Dagobert!

Was bringt die Luftsteuer?

Ganz klar: Mit dieser neuen Steuer könnten wir die Landeshaushalte sanieren. Führen wir doch endlich flächendeckend die Luftsteuer ein. Die Österreicher machen es uns vor. Dort gibt es eine Sondernutzungssteuer für den Luftraum:

Möchte ein Ladenbesitzer etwa im herrlichen Salzburg ein Ladenschild in den Salzburger Luftraum hängen, wird die Luftsteuer fällig. Das ist eine lustige Abgabe, die ins Spiel kommt, wenn besagter Ladenbesitzer mit Markisen, Vordächern und Leuchtreklameschildern kaufkräftige Kunden auf seinen Laden aufmerksam machen möchte.

Die Steuer-Begründung ist einleuchtend: Ein Werbeschild verdrängt öffentlichen Luftraum, und das kostet eben Gebühren. Auch Blumentöpfe auf dem Gehweg vor dem Laden verdrängen Luft und sind steuerpflichtig.

In Bayern ist vor Jahren ein charmanter Luftsteuergebührenbescheid-Versuch der Stadt München an einen vielfachen Balkonbesitzer kläglich gescheitert. Doch warum? Wer öffentliche Luft verdrängt, der soll dafür auch zahlen.

Stufe zwei wäre übrigens die Atem-Steuer für jeden. Wer erkältet ist und hustet, muss die Luft-mit-Viren-Verunreinigungszusatzsteuer blechen. Und wer pfiffig ist, kann mit Luftsteuerzertifikaten in den Luftsteuerhandel einsteigen.

Ganz sinnfrei sind solche Ideen im Sinne der Staatshaushaltssanierung nicht, oder?

Was bringt die Fenstersteuer?

Ganz klar: Mit dieser kreativen Steuer könnten weitere Haushaltslöcher gestopft werden.

Die Idee ist nicht neu. Frankreich, England, Spanien und Holland haben diese plietsche Art, das Volk zu schröpfen, schon im 18. und 19. Jahrhundert exerziert. Sie waren auch durchaus erfolgreich, allerdings nur so lange, bis der Staat zu gierig wurde.

Beispiel England: Als die Lichtluken-Gebühren ausuferten, entdeckten fensterreiche Untertanen ihr persönliches Steuerschlupfloch – und mauerten reihenweise ihre Lichtschlupflöcher, sprich Fenster, einfach zu. Da saßen sie im Dunkeln, sparten im trüben Dämmer aber Geld – und nicht zu knapp: Ganze Straßenzüge wurden zu fensterfreien Mauerfronten.

In Frankreich, heißt es, führte die Fenstersteuer im 19. Jahrhundert zu manch skurrilem Neubau mit durchschnittlich nur noch ein bis drei Fenstern pro Haus.

Mit anderen Worten: Die maßlos überzogene Fenstersteuer führte zur massenhaften Fenstersteuerflucht. Nicht, dass das Flucht-Thema irgend jemandem bekannt vorkäme …

Was bringt die Jungfernsteuer?

Klarer Fall: Solange sie nicht wieder eingeführt wird, bringt sie natürlich gar nichts, deshalb muss die Jungfernsteuer wieder her.

Sie galt einst in Preußen, erdacht im 18. Jahrhundert vom Vater aller Finanzminister Johann Kasimir Graf Kolbe von Wartenberg, seines Zeichens fast allmächtiger Premierminister unter Friedrich I.

Da Kolbe ein durchaus üppiges eigenes Salär einstrich, welches 20 Prozent des ganzen Staatshaushaltes verschlang, musste ja auf irgendeine pfiffige Weise der Staatssack regelmäßig aufgefüllt werden.

Also führte Kolbe besagte Jungfernsteuer ein: Bis zu ihrer Hochzeit mussten junge Damen einen Obolus von zwei Groschen im Monat auf ihre Jungfernschaft abdrücken. Wenn man bedenkt, wie viele Frauen heutzutage nicht verheiratet sind bei uns: Was ergäbe das für einen reich flutenden Steuerfluss. Jeder moderne Finanzminister sollte Kolbes Konterfei über dem Schreibtisch hängen haben, als Ansporn für eigene, neue, tragfähige Fantasiesteuern und kreative Finanz-Ideen.

Warum ist Made in Germany eigentlich superpeinlich?

Weil es in Wahrheit ein Billiglohn-Land-Abzeichen war, ursprünglich. Und England hat es uns aufgezwungen.

Anno 1887 verfügte das britische Parlament, dass alle Produkte, die aus dem fernen Germany eingeführt werden, den Zusatz *Made in* erhalten müssen.

Grund: Man hatte Angst vor der Billigkonkurrenz aus dem kontinentalen Osten, denn Deutschland bezahlte damals Dumpinglöhne, scherte sich kein bisschen um Markennamenrechte, stellte munter Plagiate her, und konnte seine billig produzierten Massen-Waren entsprechend günstig verscherbeln.

Um die englische Qualitätsware davor zu schützen, wurde also *Made in Germany* eingeführt.

Erst nach dem Zweiten Weltkrieg avancierte es zum Synonym für deutsche Wertarbeit – übrigens auch in England.

Warum laufen wir im Supermarkt meist links herum?

Die meisten Einkaufstempel dieser Welt sind so gebaut, dass der heitere Kunde gegen den Uhrzeigersinn geführt wird. Rechtsdrehende Märkte sind dagegen ausgesprochene Raritäten.

Dahinter steckt fiese Verkaufs-Verführung, denn die meisten Menschen sind eben Rechtshänder, und wenn sie linksrum laufen, den Einkaufswagen fest im Griff der linken Hand, können sie mit ihrer üblichen freien Arbeitshand, munter mit rechts, in die Regale greifen. Und dort steht dann das Edle, Schöne, Teure immer oben rechts, das Billigzeugs dagegen unten links.

Ähnlich sind Zeitungen aufgebaut. Oben rechts steht das für wichtig Befundene, unten links der Füllstoff. Denn so wandert in der Regel unser Blick: von rechts oben nach links unten.

Zurück zum Einkaufen. Der Recht-Links-Trick funktioniert ganz gut, ebenso der Rest der Supermarkt-Verführungsmaschine. Die Einkaufswagen sind nämlich möglichst groß und tief. Da hat der Kunde das patriotische Gefühl, den Wagen auch vollschaufeln zu *müssen*.

Verkaufsstrategie beginnt also immer mit purer Psychologie. Testen Sie's aus.

Warum wird bei Kunstauktionen meist zuviel bezahlt?

Natürlich regelt das Angebot die Nachfrage:
Eine einzelne Kerze von Gerhard Richter ging mal für zehn Millionen Euro weg. Für einige – durchaus hübsche – Seerosen von Monet waren 50 Millionen fällig. Und Picassos liebreizender *Junge mit Pfeife* brachte es auf umgerechnet 80 Millionen Euro.

Die großen Auktionshäuser freuen sich goldene Löcher in den Bauch, und Wirtschaftswissenschaftler sagen: Es ist kein Wunder, dass immer wieder horrende Preise gezahlt werden, allerdings nur, solange ein Bieter den anderen beim Bieten beobachten kann.

Lange wurde gerätselt: Warum kommt es immer wieder zu abenteuerlich überzogenen Geboten? Eine geläufige Erklärung war: Freude am Risiko und Freude am Gewinnen führen zu spektakulären Preisen.
Stimmt aber nicht, sagen Forscher heute: Nicht Freude, sondern Angst ist die Triebfeder bei Auktionen. Es ist die Angst vor dem Verlieren, vor dem Gesichts- und Ansehensverlust in einem sozialen Wettbewerb mit anderen potenten Bieter-Gegnern. Diese Angst verführt Bieter zum Überbieten. Das haben magnetresonanztomographische Hirnmessungen ergeben.

Nach überstandener Angst ein überteuertes Pinselwerk nach Haus zu schleppen, ist für die Belohnungs-Region unseres Gehirns ganz offenbar das Größte überhaupt.

Welche Münzen sind nie in Umlauf gebracht worden?

Es sind Schweizer Franken-Stücke aus den 50er Jahren. Das Geld im Nennwert von 25 und 50 Franken hat mehrere Probleme. Zum einen finden die Schweizer den Leitspruch auf der 25-Franken-Münze reichlich daneben, da steht: In Armis Libertas Et Pax, also ausgerechnet: In *Waffen* Freiheit und Frieden. Ob das nun schweizerischem Selbstverständnis entspricht, darf zu Recht bezweifelt werden.

Darüber hinaus sind die Münzen ausgerechnet aus Gold, und das ist der Hauptgrund, weshalb sie nie in Umlauf kamen, denn die Goldreserven der Nationalbank wären dadurch arg geschröpft worden. Außerdem stieg der Goldpreis in den 50ern so stark, dass der Materialwert erheblich über dem aufgeprägten Nennwert lag, und das war natürlich nicht im Sinne der Banker: Die geben mir eine 50-Franken-Münze, ich trage sie brav nach Hause, schmelze sie später im Gold-Kochtopf ein und verkaufe den Klumpen zum Marktpreis für hundert Franken an die Bank zurück – vereinfacht ausgedrückt. So etwas geht natürlich nicht.

Also wurden die in den 50ern geprägten Goldmünzen akkurat gestapelt und weggeschlossen. Seither schlummern sie in ihren Bank-Verließen als offizieller Teil der eidgenössischen Goldreserven. Immerhin sind es gut 20 Millionen Einzelmünzen, die nie in Umlauf kamen.

16.
Geheimnisse
&
Skurrilitäten

Wie spät ist es an Nord- und Südpol?

Alles hat seine Zeit, heißt es in der Bibel. Aber welche Zeit gilt tatsächlich?

Bei uns gilt wahlweise die mitteleuropäische Sommer- oder Winterzeit. Doch wie sieht es am Nordpol aus? Und am Südpol?

Das wiederum können Sie sich selbst ausklamüstern. Jeder kann da seine eigene Zeit mit hinbringen.

Grund: An den Polen laufen alle 24 Zeitzonen der Erde in jeweils einem Punkt zusammen. Es gilt also genaugenommen jede Zeit gleichermaßen – oder gar keine.

Und deshalb übernehmen die Menschen am Südpol die Zeit, die gerade auf dem Flughafen gilt, von dem sie mit Essen und Trinken beliefert werden.

Und weil am Nordpol überhaupt keiner lebt, kann jeder, der eine Reise dorthin unternimmt, seine persönliche Lieblings-Uhrzeit mitnehmen und völlig frei wählen, wie spät er es gerade haben möchte.

Hat Morgan Robertson den Untergang der Titanic vorhergesehen?

Nun, jener Robertson war Bootsmann und Schriftsteller. 1898 veröffentlichte er einen Roman über eine Schiffskatastrophe, die uns heute seltsam bekannt erscheint.

Die Geschichte im Einzelnen:
Robertsons Schiff hieß *Titan*. Es war das größte bekannte Passagierschiff seiner Zeit und gehörte einer Reederei in Liverpool. Es trat im April eine unglückselige Fahrt an und hatte wasserdichte Schotten. Es war aus Stahl gebaut und konnte bis zu 3.000 Passagiere befördern. Es galt als unsinkbar, zerbarst an einem Eisberg im Nordatlantik und sank. Es hatte zu wenige Rettungsboote an Bord, und die meisten Menschen fanden den Tod.

All das ist geschehen auf der *Titan* und der *Titanic*. Allerdings passierte das echte Unglück 14 Jahre nach Erscheinen von Robertsons Roman.

Vision oder Schicksal? Zufall oder Hellseherei?
Wir werden es vermutlich nie ergründen, aber die mysteriösen Parallelen sind durchaus erstaunlich, zwischen *Titanic* und *Titan*.

Was ist das Geheimnis des Wasserzeichens?

Alle wertvollen Papiere tragen es. Gute Büttenblätter und einigermaßen anständige Geldscheine, die etwas auf sich halten, sind mit Wasserzeichen bestückt.

Zum nachweislich ersten Mal 1282 in Italien verwendet, war das schimmernde Papiersiegel ein Zeichen für die Echtheit des Blattes, es zeigte an, in welcher Papiermühle das so markierte Material geschöpft worden war.

Bis heute sind Geldscheine derart markiert, um den echten vom falschen Schein zu unterscheiden, denn Wasserzeichen können nachträglich nicht mehr in das Papier eingefügt werden.

Das Zeichen entsteht schon beim Schöpfen des Papiers, und das geht so: Zellulose wird in Wasser eingeweicht, und wenn sich die Fasern gleichmäßig schwimmend verteilt haben, können sie mit einem Sieb abgeschöpft werden. Der feuchte Zellstoff bleibt im Sieb hängen und muss nur noch trocknen – voilà, der Papierbogen ist fertig.

Ein Wasserzeichen kann nur während dieser Schöpfarbeit in das Blatt hinein gebracht werden. Dazu wird ein Draht mit dem Wasserzeichenmuster in das Sieb eingeflochten. An diesem Draht bleiben weniger Zellstofffasern hängen als im Restsieb. Das Papier wird an den entsprechenden Stellen dünner, und wenn es trocken ist, im Gegenlicht betrachtet, scheint mehr Licht durch diese dünneren Stellen. Das ist das Geheimnis des Wasserzeichens, und weil das Zeichen entsteht, während das Wasser aus den Zellstofffasern läuft, heißt es eben, wie es heißt, das Wasserzeichen.

Wo steht der schiefste Turm der Welt?

Er residiert im Norden, in Ostfriesland. Es ist der Turm der Backsteinkirche von Suurhusen bei Emden.

Das friesische Bauwerk schlägt seinen weltbekannten Turmkonkurrenten aus Italien um Längen. Während nämlich der schiefe Turm von Pisa gut drei Grad geneigt ist, weicht der Ostfriesen-Turm fast doppelt so stark vom allgemein für Türme angestrebten Aufrechtstehen ab: 5, 2 Grad sind es. Bei knapp 30 Metern Höhe macht das etwa zweieinhalb Meter Überhang.

Der Turm wurde um 1450 gebaut; und über Jahrhunderte hielt er sich wacker aufrecht, wie es Türme für gewöhnlich tun. Doch 1885 merkte die Gemeindeschar: In unsern Kirchturm kommt Bewegung. Hundert Jahre ließen sie ihn gewähren, immer schiefer zu werden, bis sie endlich anfingen zu buddeln. Sie legten die Fundamente frei und entdeckten voll Entsetzen: Der Grundwasserspiegel war abgesackt. Dadurch war Luft an die Eichenpfähle des Fundamentes geraten. Die Pfähle rotteten munter vor sich hin, und der Turm, nun ohne Eichenstütze, senkte sich ebenso munter immer weiter Gottes schönem Erdboden entgegen.

Was tun? Die Fundamente wurden mit Zement aufgespült, und seit den 90er Jahren ist die weitere Verschiefung des Turmes gebannt.

Heute ist der schiefste Turm der Welt die Touristenattraktion im In- und Umland von Suurhusen.

Wann und warum leben wir zwischen den Jahren?

In den mythosumflorten und legendenumschwirrten toten Tagen zwischen Weihnachten und Dreikönigstag bewegen wir uns *Zwischen den Jahren*. Und wir tun das ganz wörtlich, denn bis 1582 galt der von Julius Caesar konstruierte Julianische Kalender. Der bestand zwar auch schon aus zwölf Monaten und einigen Schalttagen; nur leider war Caesars Jahr aufs Ganze gesehen 11 Minuten und 14 Sekunden zu lang. Das führte zu einer gewissen Jahreszeitenverschiebung.

Da aber niemand Lust hatte, irgendwann im Hochsommer Weihnachten zu feiern, verfügte Papst Gregor XIII. eine nach ihm benannte Kalender-Reform und führte 1582 den Gregorianischen Kalender ein. Diesen wohldurchdachten Jahresplan benutzen wir bis heute.

Um aber die Jahreszeiten mit den Monaten wieder zusammenzubringen, strich Gregor im ersten Jahr seiner Reform zehn Tage. Das bedeutet: Die Zeit vom 5. bis zum 14. Oktober 1582 hat es nie gegeben, sie ist übersprungen worden.

Doch die Reform hat nicht jeder sofort mitgemacht – und mancher bis heute nicht: Orthodoxe Kirchen etwa feiern ihre Feste noch immer nach dem Julianischen Kalender, also zehn Tage später als wir. Und so hat am Ende jedes Jahres bei den einen das neue Jahr schon angefangen, derweil die andern noch ein bisschen ihr altes Jahr feiern. Also bewegen wir uns bis heute in dieser Zeit irgendwie *Zwischen den Jahren*.

Warum sind Krawatten nur in eine Richtung gestreift?

Egal, wie edel und oder trist, wie farbgewagt oder gedeckt, alt oder neu, im Jugend- oder Rentnerstil, aus Leder, Seide oder Hanf: Die europäische Krawatte ist immer von unten links nach oben rechts gestreift.

Der Grund ist ein praktischer und hängt mit dem Krawatten-Zuschnitt zusammen. Der Schlips-Schneider legt den Streifenstoff so vor sich hin, dass die Streifen akkurat von unten nach oben zeigen. Dann legt er seine Schlipsschablone darauf, im handelsüblichen 45-Grad-Winkel, zeichnet an und schneidet zu.

Ist der Schneider ein Rechtshänder, legt er die Schablone ganz automatisch so, dass die Krawatten-Streifen von unten links nach oben rechts laufen. Und weil es früher keine Linkshänder gab – die wurden schließlich alle auf rechts umerzogen – gibt es bis heute nur diese eine Rechts- händer-Streifenrichtung.

Ganz anders in Amerika: Da sind europäische Streifen gänzlich unbekannt. Amerikas Krawatten laufen andersrum: von oben links nach unten rechts.

Laut Legende soll ein schusseliger Schneider Schuld daran sein, der den Stoff falsch herum auf Links gedreht zuschnitt – dabei ist es dann aber in der Tat geblieben. Amerikaner schneiden ihre Krawatten bis heute auf Links gewendet zu – Ergebnis: eine völlig uneuropäische Schlips-Streifenrichtung.

Was ist ein Flohbein?

Das interessante Artefakt kann dreierlei sein:

Erstens ist es das Bein eines lästigen flügellosen Insekts, das uns durch Stiche formschöne Pusteln beschert.

Zweitens ist es eines Menschen Bein, das, von Flöhen heimgesucht, zum Flohbein mutiert.

Und drittens ist es ein Pfeifenstopfer. Dieses attraktive Pfeifenrauchutensil kam Ende des 18. Jahrhunderts in Mode. Geformt wie ein Frauenbein, mit Strumpf und Schuh bemalt, diente es schmauchenden Männerrauchrunden als Pfeifenstopf-Hilfe mit erotischer Attitüde.

Das Flohbein wird aus Porzellan gefertigt, und der abgeschnittene Oberschenkelhals dient als Tabakstopfplattform für die Pfeife. Natürlich finden sich auf dem aus eher idealistischen als realistischen Frauenbeinmaßen gefertigten Tabak-Stopfern immer Flöhe – aufgemalt versteht sich.

Seinen Ursprung hat das Flohbein in der Flohplage der Barockzeit, als Puder-Perücken und wallende Kleider schon In waren, regelmäßiges Waschen aber eher skurril wirkte. Die juckreizenden Zustände nahm ein gewisser Herr Zaunschliffer zum Anlass, Anno 1683 ein pseudojuristisches Werk über Flöhe zu verfassen. In dieser humoristischen Flohabhandlung ist eine Dame abgebildet, die auf nacktem Bein ganz offensichtlich zur Schädlings-Bekämpfung schreitet. Das Bild diente dem Pfeifenstopfer-Flohbein vermutlich als Vorlage.

Warum können wir Papier nicht bügeln?

Natürlich ist die Gegenfrage erlaubt: Warum *sollten* wir Papier bügeln? Den Beruf des Papierbügelers haben wir aus gutem Grund nie erfunden, weil er nie gebraucht wurde.

Doch stellen wir uns vor: Zeugnis, Heirats-Urkunde und Lottoschein sollen an höherer Stelle nachweisen, was wir können, wer wir sind und was wir haben. Uns aber wird genierlich zumut, denn besagte Knautschpapiere liegen zeugnisverweigernd unter mumifizierten Butterbrotstullen, zerknüllt in abgewetzten Heiratshosen-Taschen und geknickt auf dem wie immer nicht gewonnenen, sondern nur gekauften Bierkastenboden. Diese räudigen Raschelreste ehemaliger Dokumente mögen wir so Niemandem aushändigen. Also holen wir das Eisen raus und versuchen, die Papiere glattzubügeln. Doch die Knitterbögen widersetzen sich jeder Glattbügelei.

Der Grund: Die Bögen bestehen aus Zellulose, aus Holzfasern, und diese Fasern beispielsweise verschieben sich, wenn ein Blatt eingerollt wird: Wird es später entrollt, wandern die Fasern in ihre Ausgangslage zurück. Das Papier hat keinen Schaden genommen. Doch wird der Bogen geknüllt, geknickt und geknautscht, verschieben sich die Fasern nicht, sie brechen einfach durch. Knitter-Papier besteht aus gebrochenen Holzfasern. Da helfen dann weder gut Zureden noch Bügeln.

Was ist eine Prise?

Die fröhliche Hausfrau kennt sie gut, in Form von Salz und Zucker beim Kochen und Backen. Jedoch, sie ahnt meist nicht, dass sie mit ihrer Prise auf den Spuren pöbelnder Piraten wandelt und ihre Gerichte mit Hilfe kriegerischer Vokabeln würzt.

Die Prise hält Einzug in unsere Küchen und Nasen im 18. Jahrhundert. Seit dieser Zeit schieben wir uns nämlich dunkle Schnupftabaksbrocken in unsere Riechorgane und nennen das *eine Prise*. Und wenn krümelig-feinkörnige Gewürze auf Nahrungsmitteln landen, dann landen sie dort ebenfalls als *Prise*. Das ist genau die Menge, die wir mit zwei Fingerspitzen fassen können. Prise heißt in der Tat *das Genommene*, von französisch *prendre*=nehmen.

Doch ursprünglich und bis heute ist mit *der Prise* die Beute von Piraten und Kriegsschiffen gemeint. Das Prisenrecht ist Teil des Seekriegsrechtes. Es erlaubt, feindliche Schiffe zu kontrollieren, außerdem die Befehlsgewalt über des Widersachers Schiffe zu übernehmen und die Ladung einzuziehen. Zu letzterem kann man getrost auch weiter Beute machen sagen, und dieses Beute machen ist die Prise.

Na, noch ʼne Prise Zucker für den Frühstückskaffee gefällig?

Was verstehen wir unter dem Schwäbischen Gruß?

Wer ihn entbietet, ist ein erboster Prolet. Wer ihn empfängt, ist in der Regel nicht gänzlich erfreut über den Grußempfang.

Dabei ist der Gruß literarisch und musikalisch durch einige unserer größten Geister zu erheblichen künstlerischen Ehren gekommen:
Goethe kannte ihn sehr genau. Hier ein Weltliteraturzitat: Goethe, 3. Akt, Goetz von Berlichingen fordert, einem feindlichen Hauptmann auszurichten: *Er kann mich im Arsche lecken.* Allerdings möchten nicht alle Goethe-Herausgeber ihren Lesern diesen Satz des Dichterfürsten zumuten, drum sollte, wer einen ungekürzten Goethe lesen möchte, vor dem Buchkauf prüfen, ob der Satz zur Gänze dasteht oder wie so oft die anrüchige Stelle durch Gedankenstriche entstellt und damit gestrichen ist.
Und noch ein weiterer großer Geist hat sich des Schwäbischen Grußes angenommen. 1782 schuf Mozart zwei Kanonwerke: Köchelverzeichnis 382c *Leck mich im Arsch*; und noch ein bisschen blumiger ausgeschmückt: Köchelverzeichnis 382d: *Leck mir den Arsch fein recht schön sauber.*

Der Gruß entstammt übrigens altem, vor allem in Schwaben gepflegtem Dämonen-Abwehrzauber: Wer der Hexe oder dem Teufel nämlich das entblößte Hinterteil zukehrt, ist sicher vor Bösen Blicken. Das gilt aber nur für Hexen … nicht für Freunde und Kollegen.

Bereits
erschienen

Die einhundert besten Witze aus 20 Sendejahren der „Plappermoehl" auf NDR 1 Radio MV finden Sie auf dieser CD. Lachen Sie mit, getreu dem Motto: „Ut'n verklamten Nors kümmt kein fröhlichen Furz".

Die CD finden Sie überall im Buchhandel und Musikgeschäften, oder Sie ordern online z.B. bei www.tennemann.com.

Eine Auswahl der besten Witze aus dem Mallbüdel in der Sendung Plappermoehl von NDR 1 Radio MV präsentieren auch die bisher veröffentlichten „Mallbüdel" - Büchlein. Überall im Buchhandel oder online z.B auf www.tennemann.com.

Der singende Plappermöller Manfred Brümmer jetzt endlich mit neuen Liedern auf CD.
Gemeinsam mit Lars-Luis Linek präsentiert er „Kommodig". Eingängige Musik, eingängige Texte up Platt, die ganz modern vom Hier und Heute erzählen.
Überall, wo es Musik gibt oder auch bei www.tennemann.com .

Neue frische Klänge up Platt suchten NDR 1 Radio MV und das Nordmagazin beim großen plattdeutschen Wettbewerb „Musik ut uns Land". Ob Country, Rock oder Blues – die Vielfalt der eingereichten Titel war groß, der Wettbewerb ein voller Erfolg. Diese CD vereint die 14 Siegertitel. Den Tonträger finden Sie überall im Buchhandel und Musikgeschäften, oder Sie ordern online z.B. bei www.tennemann.com .

Lachen auf NDR 1 Radio MV, dazu gehört neben der Plapper-moehl natürlich auch das Spaßtelefon VORSICHT LEIF an je-dem Morgen mit Leif Tennemann ... Die besten Telefonstreiche gibt es auch auf CD überall im Buchhandel und Musikgeschäften, oder Sie ordern online z.B. bei www.tennemann.com .

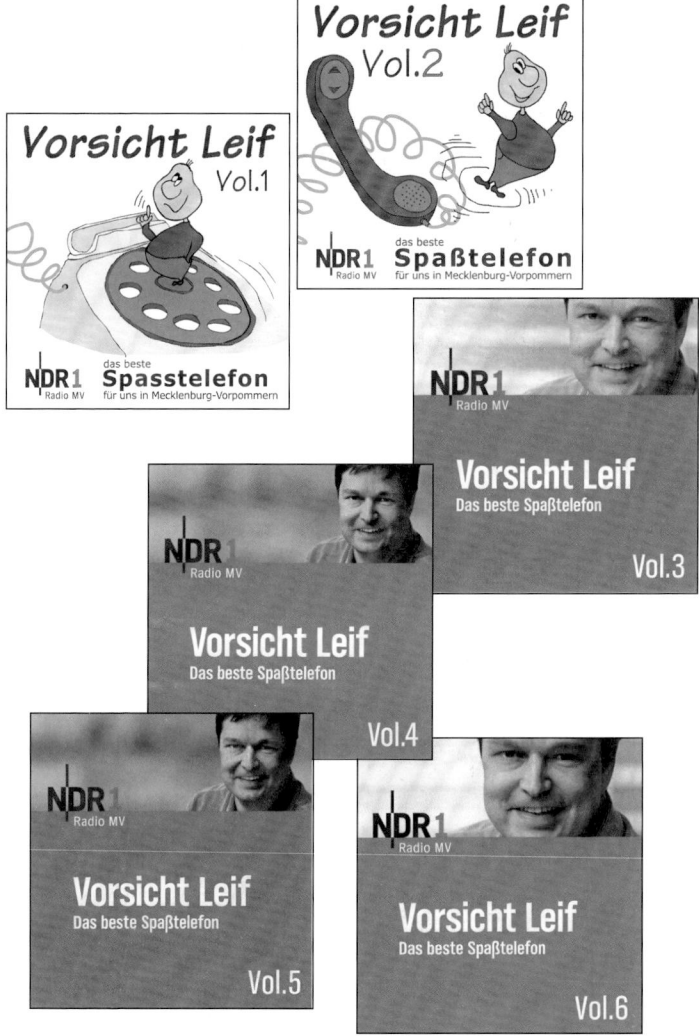

Das NDR-Landesfunkhaus Mecklenburg-Vorpommern in Schwerin erinnert mit dieser CD an die besonders einmalige Witzkultur der DDR. Denn die Menschen haben sich früher oftmals buchstäblich weggelacht aus der DDR und über die DDR.

NDR 1 Radio MV und das Nordmagazin riefen zwanzig Jahre nach dem Mauerfall und der Grenzöffnung die Hörer und Zuschauer auf, ihre Lieblingswitze aus DDR-Zeiten einzusenden. Eine Auswahl davon erzählten Ekkehard Hahn, Bärbel Röhl, Manfred Brümmer und Wolfram Pilz (v.l.n.r.) in Barnin bei Crivitz in einer öffentlichen Veranstaltung vor einem begeisterten Publikum.

Diese Hörbuch-CD, überall im Buchhandel oder online z.B. auf www.tennemann.com , bietet den kompletten Mitschnitt zum Weglachen!

Ut mine Stromtid", den erfolgreichsten Roman des mecklenburgischen Schriftstellers Fitz Reuter, präsentiert diese CD-Box zum ersten Mal als einzigartige Hörbuch-Edition: Mehr als 12 Stunden plattdeutsche Weltliteratur auf 11 CDs gelesen vom legendären Gerd Micheel, der mit Recht als einer der besten Reuter-Interpreten gilt. Gerd Micheels einzigartige Vortragskunst und sein durch und durch mecklenburgischer Ton verstärken die große erzählerische Kraft des Werkes „Ut mine Stromtid".

Die CD-Box enthält ein ausführliches und reich bebildertes Booklet von Rainer Schobeß. Darin erläutert der Plattdeutsch-Redakteur von NDR 1 Radio MV ausführlich und verständlich, wie Leben und Werk des großen Schriftstellers zusammenhängen.

Überall im Fachhandel und online z.B. auf www.tennemann.com .

Der Autor:

Thomas Lenz wurde an einem 17. November in Grevesmühlen geboren.

Seine Kindheit verbrachte er auf einem Bauernhof in Nordwestmecklenburg. Später lernte er in Bad Doberan Forstwirt und studierte dann in Kiel Theologie. Dort kam er als sogenannter „Quereinsteiger" über die Radiokirche zum Rundfunk und ist beim NDR „hängen geblieben". Auf NDR 1 Radio MV moderiert Thomas Lenz unterschiedliche Sendungen. Täglich ist er in der Morgenshow mit seiner Serie „Kaum zu glauben" zu erleben.

Thomas Lenz kennen die Hörer von NDR 1 Radio MV aber auch up plattdütsch: „Mien Großvadder hett mi platt schnacken bibröcht, un so bün' ck ok taum Bispäl in „Plattdütsch an Sünndag" bi NDR 1 Radio MV tau hüüren."

Der Verlag:

Der TENNEMANN Buchverlag gehört zur TENNEMANN media GmbH. Das Schweriner Unternehmen, 1999 gegründet von Leif Tennemann, realisiert u.a. Musik -, Wort - u. Buchproduktionen mit eigenem CD-Label, Musik- und Buchverlag, Editionen, Vertrieb, Download-Service und Online-Shop. TENNEMANN media arbeitet weiterhin erfolgreich als Eventservice und Presseagentur mit eigenen Online-Redaktionsdiensten und Info-Portalen mit den Schwerpunkten Mecklenburg-Vorpommern und Norddeutschland.